LES EMPLOYÉS

DE

LA NOUVEAUTÉ

CE QU'ILS SONT

CE QU'ILS DOIVENT ÊTRE

PAR

AUGUSTIN NAVIAUX

PARIS

EN VENTE AU DÉPOT

39, BOULEVARD SÉBASTOPOL, 39

ET CHEZ LES PRINCIPAUX LIBRAIRES

1861

LES EMPLOYÉS

DE

LA NOUVEAUTÉ

CE QU'ILS SONT — CE QU'ILS DOIVENT ÊTRE

Paris.— Typ. Morris et Comp., rue Amelot, 64.

PRÉFACE

Nous écrivons ce livre, parce que la condition faite aux employés de la nouveauté est de toutes les conditions la plus insolite.

Nous voulons prouver qu'il ne faut qu'un peu de bon vouloir pour qu'elle devienne une carrière sérieuse.

Si nous avions voulu n'écrire qu'un pamphlet, une diatribe contre les maisons actuelles, nous aurions pu faire un gros volume de citations scandaleuses.

Mais nous avons des vues plus hautes. En signalant les injustices faites aux employés, en mettant en lumière les capacités des uns, la légèreté des autres, les déboires de tous, nous avons voulu prouver jusqu'à l'évidence la nécessité d'une réforme.

Et que l'on ne se méprenne pas sur nos intentions. Nous affirmons que cette réforme, si désirable pour les employés, est tout autant dans l'intérêt des clients et des patrons que dans le leur ; et c'est de la meilleure foi du monde, et sans aucune pensée hostile, que nous la proposons.

D'après les demandes qui nous ont été adressées, nous devons conclure que notre livre est appelé à avoir plusieurs éditions successives. Nous invitons donc MM. les employés à nous faire parvenir immédiatement les renseignements qu'ils croiraient devoir jeter plus de lumière sur la cause que nous défendons.

I

ORGANISATION

D'UNE

MAISON DE NOUVEAUTÉS

ACTUELLE

I

ORGANISATION

D'UNE

MAISON DE NOUVEAUTÉS

ACTUELLE

§ Ier

CE QUE C'EST QUE L'EMPLOYÉ, D'OU IL VIENT.

Les employés de la nouveauté ne sont pas seulement des jeunes gens employés dans les maisons de nouveautés proprement dites, mais encore les employés des maisons traitant de n'importe quel article spécial de nouveautés, tel que passementerie, mercerie, confection, etc.

On peut compter environ cinquante mille de ces jeunes gens, tant dans le gros que dans le détail ; le plus grand nombre est fourni par la province, plus particulièrement par la Normandie et la Gas-

1.

cogne ; les autres sont de Paris et même de l'é-
tranger.

Ces jeunes gens diffèrent par leur but et leur
caractère.

Les uns sont des jeunes gens de province, fils de
marchands, qui ont la certitude de succéder à leur
père ou de fonder des établissements nouveaux. Ils
forment une catégorie à part.

La condition faite aux employés est pour eux
d'une médiocre importance, leur but unique étant
de quitter Paris aussitôt qu'ils y auront acquis les
connaissances qui leur sont nécessaires, et qui ne se
trouvent que là.

Les autres sont des jeunes gens de tous pays et
d'origines diverses, qui acceptent la condition d'employés comme une carrière, et qui se mettent soit à
la vente, soit aux écritures.

Ces jeunes gens sont, en général, pleins de courage et de résolution ; ils n'épargnent rien pour se
rendre capables, et saisir les occasions de fortune
qui peuvent se présenter. Toutefois, comme ils
sont à peu près certains d'être employés toute leur
vie, la condition faite aux employés les intéresse à
tous égards, et ils s'en préoccupent avec raison.

La plupart de ces jeunes gens acquièrent, par
leur aptitude aux affaires, une incontestable supé-

riorité de négociants ou d'administrateurs. C'est parmi eux que se recrutent les commandités ou les patrons; donc, les espérances de fortune de ces jeunes gens ne sont point vaines : une capacité reconnue, la moindre circonstance, suffisent pour les réaliser.

Ces deux catégories d'employés comprennent tous les employés sérieux; la seconde, à elle seule, constitue la masse importante des employés du commerce de nouveautés à Paris.

L'une et l'autre méritent notre estime; mais toute notre sollicitude est acquise à la seconde, dont les efforts sont généralement méconnus, la seule qui souffre en réalité du peu d'égards dont les employés sont l'objet, et de l'instabilité de leur position.

A côté de ces deux catégories sérieuses, il en est une troisième qui ne souffre plus de rien, qui se rit de tout, dont les travers sont à la fois le prétexte et la conséquence de la fausse position faite aux employés, et dont le caractère, mal compris, nous oblige à quelques réflexions.

Ces jeunes gens sont les calicots.

Si l'on s'arrêtait à des observations superficielles, on pourrait dire que les calicots sont sans mœurs et sans but ; des fanfarons, dont la dernière pensée est le commerce ; désordonnés et licencieux, tour à tour rétifs et rampants, insolents ou flatteurs, se jouant de tout, des patrons, des employés, des clients et d'eux-mêmes ; de véritables bohêmes du commerce dont la journée n'a pas de lendemain.

Et l'on se tromperait.

Les calicots sont tout simplement des fous, les uns par caractère, beaucoup par suite d'espérances déçues, de froissements comprimés, puis débordés, par bravade et par mépris, par colère et par honte d'être traités comme des écoliers, eux qui n'ont peut-être pour tout défaut que d'avoir d'eux-mêmes une opinion trop avantageuse.

Eh bien, tellé qu'elle est, la conduite de ces jeunes gens donne trop de prise à la critique et au blâme.

Elle exerce une influence trop directe sur l'idée que l'on se fait des employés en général, en un mot elle est anormale.

Il faut qu'elle change.

Leurs travers, qu'ils soient apparents ou réels, sont autant de plaies qu'il faut guérir dans leur intérêt comme dans celui du corps des employés.

Il faut rendre à la position d'employé la dignité qui lui est due, l'estime qu'on lui refuse.

Il faut enlever tout prétexte à l'indifférence des patrons.

Il faut contraindre les calicots à secouer l'apparence, à changer de manière *de dire*, à rejeter le masque de folie qui les déguise, à rester ce qu'ils sont en effet, des hommes d'esprit et de cœur, intelligents et capables, et, de plus, des hommes qui travaillent ; car, pour être calicots, ces jeunes gens n'en travaillent pas moins que les autres employés, quoique ce travail soit moins parfait et moins productif que celui des employés sérieux.

Cette transformation, ou plutôt cette réforme morale, n'est point une utopie ; nous la voyons s'accomplir isolément toutes les fois qu'il arrive à un de ces jeunes gens d'être commandité : calicot hier, patron aujourd'hui, il a changé du tout au tout ; une position sérieuse s'est offerte, l'intérêt a rétabli l'équilibre qu'un autre intérêt avait détruit ; il a créé un but réel au travail de cet homme, le fou est devenu sage.

Ce que l'intérêt isolé peut faire sur un individu, l'intérêt collectif et l'exemple le feront sur la masse des calicots proprement dits, qui deviendront des employés sérieux.

Sauvegarder les intérêts des employés est donc tout à la fois un acte de moralité et de justice : les calicots cesseront d'exister dès qu'ils n'auront plus de raison d'être.

§ II

CE QUE C'EST QU'UNE MAISON DE NOUVEAUTÉS ACTUELLE.

Une maison de nouveautés est un immense bazar industriel, où le bon sens et la spéculation ont réuni tout ce que l'art, le goût et la fantaisie peuvent offrir au consommateur le plus exigeant.

Elle est divisée, pour la vente, en spécialités d'articles formant, chacune, un comptoir. Il y a donc, dans une maison de nouveautés, autant de comptoirs qu'il y a de spécialités d'articles, et chaque comptoir est servi par un personnel indépendant du personnel des autres comptoirs.

Telles sont les maisons actuelles ; ce qui ne veut pas dire qu'elles aient toujours été ainsi.

Elles n'ont pas été formées d'emblée ; elles se sont successivement agrandies.

Puis une maison s'est ouverte, maison type pour la vente.

La vente seule fut combinée.

Quant au personnel, il s'agissait tout bonnement

de s'en former un, le meilleur possible, et de suite, à la hâte.

Ce personnel, pris un peu partout, dut nécessairement subir des modifications incessantes; les seules mesures réglementaires que l'on dut prendre d'abord furent contre ce personnel dont on avait lieu de se défier, le connaissant à peine ou ne le connaissant pas. Il fallait le voir à l'œuvre.

Et après tout, il s'agissait bien de lui, pour lui!

Les supposition que nous venons de faire furent mentales, nullement formulées.

On les faisait d'instinct, on ne *s'occupait* que des clients : la vente d'abord, tout pour la vente.

Et l'on avait raison.

« Avant de vous faire des positions, messieurs, sachons d'abord quelle va être la nôtre, et si nous pourrons marcher; allez votre train, soyez-zélés, le reste viendra à son temps. »

C'était juste; ce qu'il importait alors, c'était de faire accepter par le public ces maisons multiples et gigantesques, c'était d'assurer leur existence.

Aujourd'hui, le cas est tout autre.

Les maisons de nouveautés sont acceptées, à ce point que l'on se souvient à peine de leur origine, quoiqu'elle soit de date récente.

Chaque jour, pour ainsi dire, les a vues s'accroître en importance et en étendue, si bien qu'elles paraissent vouloir atteindre des proportions fabuleuses, réunir pour le public les avantages les plus inespérés.

Les employés ont suivi et servi ce progrès ; ils se sont instruits dans le but d'aider à son développement.

Leur importance est donc au niveau de l'importance des maisons qui les exploitent.

Le simple commis d'autrefois est un habile négociant aujourd'hui.

La position provisoire a cessé d'elle-même : elle est devenue *carrière*, et comme telle, elle a des conséquences dont il est inévitable de tenir compte ; au lieu d'un règlement de défiance, il faut un règlement d'estime, la valeur des maisons le commande, leur intérêt y est attaché.

Si la position d'employé, de provisoire qu'elle était dans le principe est devenue une carrière réelle, ce n'est donc aussi que graduellement, par la force des choses, par le zèle des jeunes gens qui ont rendu les maisons de nouveautés agréables au public, et nullement par la prévoyance ou le bon vouloir des patrons.

En général, les patrons n'ont pas cessé de ne se préoccuper que de la vente et des profits qu'elle procure.

Cependant, autrefois, le commis pouvait, avec son pécule, prendre boutique à son tour ; il ne fallait pas une bien grosse somme, alors, pour être marchand ; aujourd'hui, il faut des capitaux. L'agencement seul, d'une maison moderne, dépense le double de ce qu'il fallait autrefois pour ouvrir une boutique et la fournir de marchandises.

C'est qu'une maison de nouveautés, aujourd'hui, absorbe vingt maisons partielles, vingt branches spéciales de commerce.

Le nombre de ces maisons se limite donc de lui-même, et décide du sort des employés ; elles changent souvent de maîtres, à la vérité, parce que la rapidité des fortunes est encore une des conséquences du progrès. Mais un patron, enrichi après dix ans, peut faire place à un autre patron, qui s'enrichit à son tour, sans qu'il en résulte aucun mouvement sensible dans le corps des employés. Ainsi, en résumé, il n'y a et il ne peut y avoir que peu de patrons.

L'employé, à quelques exceptions près, reste donc employé toute sa vie ; c'est ce qui fait que la position d'employé est une carrière réelle.

Quelques chefs de maisons paraissent avoir compris cette position nouvelle des employés du commerce, et leur ont fait des avantages que l'on ne trouve point ailleurs ; mais comme, d'une part, ces avantages sont mesquins, que de l'autre, les abus subsistent, nous nous permettrons de douter du bon vouloir de ces patrons, et nous n'attribuerons leurs largesses qu'à une perspicacité plus grande : ils ont compris qu'en intéressant les employés, ils les fixeraient, les rendraient zélés par spéculation ; qu'ils auraient des employés plus stables, et par eux, une clientèle plus choisie et plus fixe.

Ils ne se sont pas trompés : les intérêts des employés et ceux des patrons sont les mêmes ; seulement, ils n'ont fait qu'une petite partie de ce qu'il y avait à faire.

Et comme ils n'ont point eu d'imitateurs, on peut dire que le mal subsiste en entier.

Nous croyons donc qu'il est de toute justice de faire cesser le provisoire dans lequel les employés sont tenus ; de ne pas détruire le but que l'employé voit lui-même à travers ses longues années de travail ;

Que ces années de travail ne soient point des années perdues ;

Que les appointements promis ne deviennent point des appointements illusoires ;

Que l'employé n'ait pas que l'*apparence* d'une position sortable ;

Que l'employé qui se dévoue ne soit pas accueilli par le doute et la défiance, et qu'il jouisse, comme tous les gens de bien, de l'estime qu'il mérite.

§ III

DURÉE DU TRAVAIL POUR LES EMPLOYÉS DE LA NOUVEAUTÉ. — LOISIRS.

On peut être employé dans la nouveauté, depuis l'âge de quinze ans jusqu'à quarante ans au plus ; ce qui fait les vingt-cinq plus belles années de la vie employées aux affaires.

Pendant ces vingt-cinq ans, l'employé est occupé, dans les jours ordinaires, de 7 heures du matin à 10 heures du soir, ce qui fait 15 heures de travail par jour.

Dans les jours extraordinaires, c'est-à-dire :

Les jours d'exposition, qui reviennent assez souvent ;

La quinzaine du Jour de l'an ;

Et les jours d'inventaire.

Il n'y a pas de limite aux heures de travail ; on quitte quand les affaires sont terminées, et cela peut se prolonger fort avant dans la nuit.

Loisirs.

Les employés ont généralement :

Une soirée par semaine ;

Deux dimanches sur quatre ;

Les autres dimanches depuis 5 heures du soir.

C'est tout le temps dont ils puissent disposer pour leurs propres affaires, les soins à donner à leur famille, leur récréation, leur vie enfin ; et cela dure 25 ans !

Mais ces heures de travail sont inévitables ; elles ne sauraient être réduites ; c'est une des conditions inhérentes à la vie d'employé ; il le sait, il l'accepte, il ne s'en plaint point.

Toutefois, nous pensons qu'une profession, qui absorbe vingt-cinq années de la vie d'un homme, et si exclusivement, qu'il ne reste à cet homme que les heures rigoureuses du sommeil, doit lui procurer, au moins, une certaine considération, la satisfaction, le bien-être présent et la sécurité de l'avenir.

C'est ce qui n'arrive point.

L'employé n'a ni sécurité, ni bien-être présent, ni satisfaction morale, ni considération d'aucune sorte.

Or, en l'absence totale de ces conditions, vraiment essentielles à la vie, doit-on s'étonner de voir les employés de la nouveauté être légers, insoucieux et se livrer avec plus d'ardeur qu'il ne conviendrait peut-être à des distractions qui leur sont onéreuses à tous égards? Les uns s'étourdissent, les autres continuent de s'étourdir.

Leurs travers, s'ils en ont, proviennent des maisons de commerce qui, dans leur constitution définitive, ont négligé cet article important : la vie de leurs employés.

Pour les employés, malgré les concessions partielles, il n'y a point eu encore de limite au provisoire.

Les patrons qui pourraient à la fois, augmenter la richesse de leur maison, faire circuler une somme énorme de bien-être parmi les employés, et contribuer à la moralisation sérieuse d'une foule de jeunes gens qui ne sont désordonnés, souvent, que par la difficulté qu'il y aurait à ne l'être pas, restent indifférents et continuent le régime imposé par la nécessité.

C'est une lacune à remplir, elle se remplira ; c'était peut-être une erreur, un oubli ; erreur et oubli peuvent se réparer.

Mais ils doivent se réparer vite ; il n'y a plus

d'excuse pour un mal connu et qui subsiste.Or,nous montrons la blessure : une position normale peut seule satisfaire les bons employés, et transformer en hommes sérieux ces écervelés que l'on appelle les calicots ; et puisque cette position normale doit profiter à tout le monde, il n'y a nulle raison de l'ajourner.

§ IV

RÉMUNÉRATION DU TRAVAIL DES EMPLOYÉS.
APPOINTEMENTS.

Les employés des maisons de nouveautés sont engagés à l'année ; ils sont pensionnaires, au pair ou appointés.

Les pensionnaires payent ordinairement 600 fr. par an pendant deux ans.

Les jeunes gens au pair sont nourris et logés et ne reçoivent point d'appointements.

Les appointements des employés varient de 300 fr. à 2,400 fr.

L'employé est nourri ;

Quelquefois logé.

Il reçoit parfois une gratification à l'inventaire ; les vendeurs ont la *guelte*.

Les chefs-comptables, les premiers caissiers, les chefs de comptoir ont encore parfois un intérêt sur les affaires.

Ce qui paraît constituer une position assez sortable, et ce qui engage une foule de jeunes gens à entrer dans le commerce.

Mais ceci est le détail officiel des avantages faits aux employés de la nouveauté. Voyons pour la réalité de ces avantages.

§ V

RÉALITÉ DES AVANTAGES FAITS AUX EMPLOYÉS DE LA NOUVEAUTÉ.

Le jour, les pensionnaires servent de garçons de magasin, dont ils partagent les corvées; la nuit, ils sont enfermés dans le magasins qu'ils gardent, et couchent sur les comptoirs, au milieu d'un air concentré, vicié par le gaz.

Le matin, ils sont poliment secoués par les vrais garçons, qui viennent nettoyer, et ils se sauvent où ils peuvent, jettent leur matelas n'importe où.

Les appointements des employés, rognés par les chômages, ébréchés par les retenues, la casse, les amendes, sont illusoires.

Avec de tels appointements, l'employé ne peut avoir que des dettes.

La nourriture de l'employé, illusoire.

Son logement, impossible.

Sa gratification, un leurre.

La guelte, une amorce.

L'intérêt sur les affaires, seul, une réalité, et encore !

Un premier employé avait un intérêt sur le chiffre d'affaires de son comptoir : il fut renvoyé dans le courant de l'année pour une cause quelconque. (Des causes, il en pleut !)

Or, l'intérêt ne se paye qu'à l'inventaire : on ne régla à cet employé que ses appointements. Il réclama son intérêt, on lui répondit que l'année n'étant pas écoulée, il n'était pas question d'intérêt. L'employé tint bon : la cause fut portée au tribunal de commerce, qui décida que l'intérêt devait être payé.

Nous pourrions multiplier les exemples et les diverses formes que subissent ces genres de contestations.

§ VI

BRÈCHES FAITES AUX APPOINTEMENTS DES EMPLOYÉS.

Tous les griefs des patrons contre les employés se traduisent par des chiffres.

Ainsi les employés sont passibles d'amendes :

1° Pour les omissions, les erreurs et les négligences qui pourraient compromettre les intérêts de la maison : ce sont les amendes sérieuses ;

2° Pour les cas les plus imprévus, tels que :

Retards du matin, du midi et du soir, portes ouvertes, pour s'être assis, pour être monté sur une chaise et autres choses de même importance : ce sont les amendes comiques ; mais sérieuses ou comiques, elles sortent de la poche des employés.

On peut ajouter aux brèches faites aux appointements des employés, les suppléments forcés ou non de nourriture, les jours de maladie, les vacances.

2.

Toutes choses qui atteignent quelquefois un chiffre si élevé, qu'un employé à 300 fr., par exemple, peut, au jour du règlement, être redevable à la maison.

§ VII

CONDITIONS FAITES AUX EMPLOYÉS VENANT DE LA PROVINCE.

Un jeune homme de province, ayant fait de bonnes études au collége, veut se placer pour les écritures dans une maison de nouveautés à Paris.

Il a vingt ans, il a travaillé chez le notaire de sa province, et pendant deux ans environ il a été régisseur de forges (hauts fourneaux); donc, les écritures lui sont familières.

Il entre à Paris, *au pair.*

Pourtant il avait gagné 400 fr. par an, et il avait bien réellement eu la table et le logement. Il avait reçu ses appointements sans brèches d'aucune sorte; il n'avait eu à débourser aucun supplément forcé ou non de nourriture; il avait été visiter plusieurs fois sa famille, à quelques lieues des forges, sans que ses jours d'absence lui aient été déduits; on n'avait point spéculé sur un mal de tête ou sur une colique pour réduire la somme convenue.

Il la recevait intégrale.

Mais il est d'usage, dans la nouveauté, à Paris, de tirer parti de toutes les situations : « —Vous connaissez les écritures, soit; vous nous rendrez des services, nous n'en doutons pas, et c'est bien sur quoi nous comptons ; mais vous êtes de la province, mon cher monsieur, il faut faire son stage à Paris, son surnumérariat. »

Un vendeur qui a quelquefois plusieurs années de commerce en province, qui y a gagné 400 fr., entre à Paris *au pair*.

Un jardinier, un maçon, un industriel quelconque qui gagne en province 1, 2 ou 3 fr. par jour, s'il vient à Paris, gagne de 3 fr. 50 (minimum) à 6 fr.

L'employé n'a pas le même privilége.

« Mais, dira-t-on, le mouvement des affaires est à Paris si différent de celui de la province. »

Accordé !

Cette différence n'existe-t-elle que pour les maisons de nouveautés ? N'existe-t-elle pas aussi pour l'art du bâtiment, la menuiserie et généralement toutes ces industries si habilement pratiquées à Paris, qu'il semble que l'on ne puisse être un ouvrier parfait sans y être venu ?

Sans aucun doute ; pourtant ces ouvriers, même

mauvais, gagnent d'emblée toujours plus à Paris qu'en province.

C'est que les patrons de la nouveauté sont plus habiles que personne à exploiter les employés qui font marcher leur maison.

§ VIII

LES PENSIONNAIRES.

Le pensionnaire est un jeune homme que l'on place dans une maison de nouveautés pour apprendre le commerce; moyennant 600 fr. par an, pendant deux ans.

Après ses deux ans, le voilà lancé, il est employé au pair; mais sait-il le commerce?

Il n'a quelquefois pas encore fait un seul article.

Ce qu'il a fait? il a épousseté, il a fait et défait les étalages du dehors, et surtout les courses: S'il ne sait pas vendre, s'il ne connaît pas la marchandise, il connaît Paris et il sait marcher, c'est toujours quelque chose!

Cependant il est douteux que le père s'accommode de cette position faite à son fils? il ne s'en accommode pas toujours lui-même; quelque insoucieux que soient les employés, il en est qui réclament, et ce n'est souvent qu'à cette condition qu'ils arrivent à traiter quelques affaires avant les deux années révolues.

§ IX

LA GUELTE.

La guelte. est sans doute une dérivation de la *cope.*

La cope était un des abus du petit commerce d'autrefois : où n'y a-t-il pas d'abus? Elle consistait à renchérir sur le prix marqué.

L'employé, qui vendait à la cope, partageait avec le patron ce supplément de bénéfice.

La cope tomba quand l'habitude de marquer les prix en chiffres connus fut adoptée.

La *guelte* fut dès lors une prime accordée aux vendeurs sur les marchandises défectueuses, pour les engager à les vendre et à en débarrasser le magasin.

Alors, la guelte était vraiment une addition aux appointements des employés; mais bientôt on s'aperçut que les employés ne s'occupaient que des articles. *gueltés*, qu'ils taquinaient et mécontentaient les clients pour les obliger à prendre ces articles ; alors on mit de la guelte sur presque toutes les marchandises, et comme la guelte se trouva atteindre un chiffre assez élevé, on réduisit d'autant les appointements des employés pour rétablir l'équilibre. Aussi, un patron en arrêtant un employé, ne manque pas de lui dire : « Vous n'avez que tant d'appointements, mais vous vous faites au moins pour autant de guelte. »

Donc, la guelte est une transformation des appointements des employés.

Loin d'être profitable à l'employé, elle lui est onéreuse, puisque cette partie de ses appointements est éventuelle, et dépend du plus ou moins d'activité dans les affaires.

Elle est au contraire toute au profit du patron, qui ne se trouve ainsi payer ses employés qu'en raison dù chiffre d'affaires : si la vente s'arrête, tout naturellement la moitié des appointements sont arrêtés.

Mais cet avantage du patron n'est qu'apparent; en réalité il y perd.

La marchandise gueltée est défectueuse; or, elle est présentée au client comme ne l'étant pas; donc, le client est trompé. Il s'en aperçoit un moment ou l'autre, et il ne revient plus; donc, le client est perdu, la réputation de la maison compromise.

Un autre exemple :

Voilà un client qui s'y connaît; il a deviné la cause de l'empressement de l'employé à lui faire prendre ce qu'il ne veut pas acheter. Tout naturellement, il refuse; l'employé y met de l'entêtement; il vendra de la guelte, ou il ne vendra pas; le client, lui, aura ce qu'il désire ou il n'achètera pas; et il n'achète pas, car le vendeur n'a pas voulu se départir de sa rubrique.

Ainsi, la maison passe pour n'avoir pas un assortiment complet de marchandises. Elle perd en bénéfices, elle perd en considération.

Patrons, employés, clients, tous donc, sont intéressés à l'abolition de la guelte, et nul doute que dès que le public saura que dans telle maison la guelte est proscrite, il ne s'y porte; là, au moins, il ne sera pas contraint d'acheter ce qui lui déplaît.

La guelte est un anachronisme; elle a pu avoir sa raison d'être, dans la transformation des boutiques d'autrefois en nos maisons modernes; elle doit être remplacée par une combinaison plus heureuse, et qui satisfasse, à la fois, les intérêts des patrons, ceux des employés et du public.

—o—o—

§ X

LES PATRONS

LE PATRON JEUNE. — LE PATRON VIEUX.

Les patrons ou chefs de maisons sont généralement des employés de la veille, qui, par une commandite, sont devenus chefs de maison.

Il y a dans une maison importante au moins deux patrons, quelquefois davantage ; et comme rarement les deux patrons se renouvellent en même temps, il arrive qu'il y a un patron jeune et un patron vieux. Si les patrons sont du même âge, ils sont au moins d'humeur différente ; dans l'un ou l'autre cas, l'un est sérieux, l'autre est bonhomme ; l'un est l'épouvantail, l'autre est là dragée ; ils se complètent l'un par l'autre.

Pour les employés, mieux vaut l'épouvantail ; celui-là est dans son caractère : c'est un homme d'ordre, de précision, et, à son début, c'est un homme juste. Plus tard, l'entraînement des affaires, l'habitude, l'exemple l'amènent tout doucement à transiger avec ses principes ; mais quand il le fait,

c'est sans préméditation. Voilà qui doit complète-
ment raccommoder les employés avec les patrons,
et ce qui atténuerait considérablement la portée de
notre livre, si nous avions eu l'étroite pensée d'ani-
mer patrons et employés les uns contre les autres.
Mais comme cette pensée n'a jamais été la nôtre,
que nous ne nous sommes préoccupé que de la position morale et pécuniaire des employés, nous con-
tinuerons nos observations sans aucun scrupule ; les
remarques du genre de celle que nous venons de faire
étant un motif de plus pour que nous désirions de
voir cette position fixée.

Si le nouveau patron a été calicot, il s'est dépouillé
de tout son passé ; il était dans un extrême, il tombe
dans un autre ; et, comme pour continuer ses travers sous une nouvelle forme, il confond tous les
employés dans une même catégorie, ceux qui ont
été ses compagnons de licence et ceux dont la vie
sérieuse a été constamment vouée au travail.

Ainsi, les calicots qui, par leurs désordres, ont
motivé, pour ainsi dire, le mépris des patrons pour
les employés, et ont été, au moins, un des prétextes
de la position anormale continuée à ces derniers jusqu'à ce jour, sont encore, devenus patrons, le fléau
des employés.

C'est que le calicot a perdu, par ses habitudes

frivoles, tout le fruit qu'il devait tirer de son travail et de sa vie d'employé; il n'a rien des qualités sérieuses d'un patron.

Les employés sérieux, au contraire, sont devenus négociants ou administrateurs, et souvent l'un et l'autre. Ils sont donc très-capables de donner une impulsion nouvelle à la maison à la tête de laquelle ils sont placés, et ordinairement ils la lancent dans une voie de progrès.

On en voit même qui se montrent très-disposés à améliorer la condition des employés, dont ils ont partagé les ennuis et les souffrances.

Toutefois, quel que soit leur bon vouloir; ils échouent, et il n'en peut être autrement; ils échouent parce que les améliorations qu'ils tentent sont superficielles et n'ont aucune portée.

Ils échouent parce qu'ils ont à lutter contre un personnel foncièrement mécontent; mécontent non de la personne, mais de la chose.

Ce qui lui avait paru possible étant employé, lui paraît inexécutable étant patron, parce qu'il n'a pas compris que la cause du malaise des employés n'est pas dans l'individualité du patron, mais dans l'organisation vicieuse des maisons de commerce à l'égard des employés.

Or, ces causes de mécontentement subsistant toujours, tout le bon vouloir du patron s'émousse contre cette montagne de griefs, que d'un mot il pourrait renverser, et qu'il n'a peut-être pas la pensée de détruire.

Il continue dont le régime ordinaire; le voilà lancé! tant pis pour les employés; qu'ils s'en tirent comme ils le pourront; il faut qu'il s'occupe lui-même de ses charges.

Et la lutte commence.

Le nouveau patron veut pourtant s'attacher les employés, et il est de bonne foi; il promet des avantages. Les tiendra-t-il?

En général, non; et c'est encore en cela que les employés sont exploités.

Quelques-uns de ces derniers, novices dans la carrière, ont cru à la parole du nouveau patron, et il arrive tout simplement que le nouveau patron trouve à son tour qu'il n'y a pas de petits profits, et qu'il fait ce qu'avaient fait ses devanciers, ce qui avait été fait à lui-même.

———————

Le patron vieux exploite autrement les employés. Celui-là, qui a plus d'expérience, qui a vu longtemps les hommes à l'œuvre, est moins exigeant, moins rétif;

mais chacun sait qu'il ne sera pas éternellement patron ; que d'un moment à l'autre, il se retirera des
affaires. Il aide un peu à ce bruit, encourage celui-
ci ou celui-là, laisse entrevoir qu'il pourrait bien
laisser sa place à un employé zélé, et les employés,
à l'envi, se montrent empressés. Nul ne se plaint de
ses appointements stationnaires ; chacun pense que
sa position est bonne ; et le vieux patron, qui voit
tous ces niais s'agiter à son profit, rit sous cape et
les laisse faire.

Un beau jour, on apprend que le vieux patron a
été remplacé par un employé étranger à la maison,
et que commandite un riche capitaliste.

Voilà ce qui se voit chaque jour, aussi bien dans
la nouveauté qu'ailleurs.

Ce sont autant de raisons pour désirer que la position d'employé ne souffre plus d'un éternel provisoire.

Qu'elle soit *arrêtée* sur des bases plus équitables
et plus dignes.

Un espoir trompé n'est, après tout, qu'un espoir
trompé ; mais quand l'intérêt s'est trouvé compromis dans l'attente de la réalisation de cet espoir,
c'est plus grave.

II

PERSONNEL

D'UNE

MAISON DE NOUVEAUTÉS

II

PERSONNEL

D'UNE

MAISON DE NOUVEAUTÉS

§ 1er

SOMMAIRE DU PERSONNEL D'UNE MAISON DE NOUVEAUTÉS.

Le personnel d'une maison de nouveautés se compose :

Des patrons ;

D'un inspecteur ;

Des bureaucrates : comptables et caissiers ;

Des vendeurs : chefs de comptoir, vendeurs, *rouf-fions.*

Des lingères.

Les patrons dirigent la maison, la réglementent,

lui donnent l'impulsion : leur grande affaire est de *bénéficier*.

Les bureaucrates sont divisés en comptables, proprement dits, et en caissiers de détail.

Les comptables s'occupent des écritures officielles ; ils connaissent les affaires de la maison.

Les caissiers de détail écrivent la vente courante ; ils connaissent la clientèle.

Il y a un chef comptable (page 65) et un premier caissier (page 69).

Les vendeurs sont chefs de comptoir ou vendeurs.

Les chefs de comptoir font les achats, reçoivent et cotent les marchandises, marquent la guelte, dirigent leur personnel ;

Ils connaissent les affaires de la place (page 51).

Les vendeurs, proprement dits, ne s'occupent que de la vente ; ils connaissent la clientèle (page 57).

Les lingères s'occupent des blancs confectionnés ; il y a une première lingère qui fait les achats, et des lingères qui ne s'occupent que de la vente (page 61).

Les rouffions sont les apprentis du commerce (jeunes gens de province ou pensionnaires). Ils font et défont les étalages du dehors, époussettent, replient les étoffes, font les courses et les corvées.

—o—o—

§ II

EMPLOYÉS COMMIS A LA VENTE

LE CHEF DE COMPTOIR.

Le chef de comptoir est celui qui, dans une grande maison de nouveautés, dirige une spécialité quelconque : la toile, le drap, les châles, n'importe.

Il doit avoir des qualités toutes spéciales : du tact, de l'observation, une grande habileté commerciale ; connaître les affaires de la place et les affaires de son comptoir ; le cours des marchandises et les besoins de sa clientèle.

Aujourd'hui, ces besoins sont très-multiples et très-variés : outre la clientèle locale de chaque quartier, il y a encore la clientèle flottante, qui est le résultat de la réclame et du système d'envoi (échantillons et marchandises), adopté par les maisons de commerce.

Ce système d'envoi a supprimé les distances et généralisé les clientèles ; si bien que des maisons, situées aux confins du grand centre commercial parisien, fournissent, à l'occasion, les quartiers les plus éloignés, les femmes les plus élégantes et les moins attendues.

Il a eu encore l'avantage d'ajouter à la clientèle locale, les grandes fortunes que chaque quartier recèle, et qui, auparavant, allaient au loin se pourvoir dans les quelques maisons spéciales qui avaient la vogue.

Enfin, depuis l'agrandissement de Paris, les quartiers les plus oubliés voient s'élever dans leur milieu d'opulentes habitations et les confins disparaissent.

On peut donc poser en principe :

Que le quartier n'est plus un indice suffisant pour déterminer d'une manière exclusive et absolue, le genre et la qualité des marchandises à mettre aux rayons ; qu'en général, le public, quel qu'il soit, se porte là où il croit avoir la meilleure marchandise, aux conditions les plus avantageuses. C'est une affaire de tact, d'expérience et de savoir-faire pour les chefs de comptoir, qui doivent s'attacher à satisfaire la clientèle locale, à élargir et à fixer la clientèle flottante.

Et c'est ce qui arrive.

Les chefs de comptoir suivent le mouvement dont nous avons parlé, et y aident. Cette affluence d'acheteurs nouveaux est pour eux une occasion qu'ils saisissent pour ajouter à l'importance de leur comptoir et, par suite, à celle de la maison.

Mais pour que le chef de comptoir puisse suivre ce mouvement, lui auquel les demandes sont directement adressées par le consommateur, il faut qu'il n'éprouve aucune entrave dans la marche de ses opérations ; qu'il soit libre dans les achats qu'il croit devoir faire, libre de juger l'opportunité de ces achats ; qu'il ne soit jamais arrêté par la question d'argent, qu'il ait sur le personnel de son comptoir une autorité absolue, afin de s'en pouvoir faire un utile auxiliaire de succès.

Il faut enfin qu'il y ait fusion possible entre le chef de comptoir et ses employés, afin qu'une trop grande disparité de mœurs ne rende pas cette fusion impossible et ne laisse s'élever aucune hostilité entre les employés d'un même comptoir. Ce sont des conditions vitales pour le succès de ses efforts et de son savoir-faire, et dans les maisons actuelles, ces questions vitales sont résolues négativement :

L'employé n'est point libre dans ses achats ; il est contrarié sur l'époque, la quantité et la qualité de la marchandise à mettre au rayon ;

Il est arrêté par la question d'argent ; il n'a pas sur son personnel une autorité suffisante ;

Enfin, grâce à la ficelle et à la délation autorisée,

il n'y a pas fusion entre lui et les employés de son comptoir ;

Souvent, au lieu d'auxiliaires, il a des rivaux cachés ou des envieux.

Voilà ses griefs personnels ; ceux qui ressortent de sa position, et qu'il faut ajouter à la somme de griefs communs à tous les employés.

Le chef de comptoir doit encore savoir où et quand il doit prendre les marchandises dont il a besoin; recevoir et coter ces marchandises.

En résumé, sa sagacité se porte plus sur ses achats et la qualité de la marchandise à débiter, que sur la manière de la débiter; véritable négociant, il sait mieux acheter que vendre.

Toutefois, s'il est depuis longtemps dans la maison, s'il y a été vendeur, ses qualités générales d'acheteur sont nécessairement accrues de toute l'habileté du vendeur proprement dit, et il devient pour la maison un employé hors ligne; dans ce cas, surtout, il est de l'intérêt des chefs de maison de se l'attacher tous les jours davantage, de le river, pour ainsi dire, à l'établissement, en mettant la position de cet employé au niveau de l'importance que son travail lui a acquise.

C'est ce qui n'a point lieu ; l'employé est écon= duit avec une insouciance que l'on comprend à peine ; sa position n'est pas plus stable que celle du dernier employé.

Pourtant le travail du chef de comptoir est incessant ; c'est l'occupation du jour et le rêve de la nuit.

Le matin, le chef de comptoir consulte la place ; le soir, il fait l'article, vérifie et cote ses marchandises ; dans la saison, il voyage, visite les fabriques, fait son choix ou ses commandes.

On comprend toute l'importance d'une telle charge, et combien, il est difficile à un chef de maison de s'immiscer, sans la gêner, à cette gérance.

C'est ce qu'il fait pourtant.

Il n'y a qu'une époque à laquelle le chef de maison puisse, sans préjudice, voir dans les affaires du chef de comptoir. Cette époque, c'est l'inventaire Alors, seulement, il peut apprécier la valeur de son employé, il peut lui retirer ou lui continuer sa confiance.

Le chef de comptoir ne limite pas son zèle à la valeur de la maison qui l'emploie, c'est souvent au savoir-faire d'un employé tel que lui qu'une maison médiocre doit d'être devenue une maison importante ; cela se voit tous les jours, tant il est vrai que le succès d'une maison est tout dans la valeur de ses employés.

Nous n'avons parlé du chef de comptoir que comme négociant. Pour faire comprendre la place que cet employé doit occuper dans l'estime du public et dans celle de ses patrons, nous n'avons plus qu'un mot à dire.

Le chef de comptoir, par son éducation première, par ses talents de négociant, par ses rapports continuels avec le haut commerce, véritable aristocratie de mœurs d'une part, et par ses relations forcées avec le monde élégant de l'autre, possède à un haut degré le savoir-faire, le savoir-vivre, le savoir-dire.

§ III

LE PREMIER VENDEUR.

Le premier vendeur a des qualités plus restreintes, plus locales, mais non moins importantes : il est le complément indispensable du chef de comptoir ; il connaît l'ensemble et le détail de la clientèle, les clientes habituées, leurs besoins, l'art de les satisfaire ; il a le débit facile, un tact exquis, une patience inaltérable, une politesse et une complaisance infinies. C'est, en un mot, la réunion de toutes les qualités que possède le commerçant parisien, type introuvable ailleurs.

La sagacité du premier vendeur est toujours en éveil ; c'est surtout lui qui apprécie les marchandises qui ont cours dans sa maison, et qui en instruit le chef de comptoir ; enfin, par son savoir-faire, il contribue à augmenter le chiffre de vente de son comptoir, et à fixer la clientèle flottante.

§ IV

LES AUTRES VENDEURS.

Les autres vendeurs suivent l'impulsion donnée par le premier vendeur et le chef de comptoir.

Une chose facile à constater, c'est que dans les maisons de commerce, si chaque comptoir s'isole des autres comptoirs, ce qui est un vice d'organisation, il n'en est pas de même des employés du même comptoir, qui sont indifférents ou zélés, selon l'exemple que leur en donne les premiers (chefs de comptoir ou premiers vendeurs).

La bonne entente est la pente générale des employés ; elle ne cesse que lorsqu'il se glisse parmi eux des employés sans valeur qui profitent de la défiance habituelle des patrons, de leur peu d'estime pour le personnel en général, pour se glisser inaperçus et se maintenir parmi les bons employés.

Le nombre des seconds vendeurs s'élève quelquefois jusqu'à douze. Ce sont des employés à appointements.

Le premier vendeur a toujours le droit d'enlever aux autres vendeurs un article, soit pour en déterminer la vente, si la vente paraît douteuse, soit pour en recueillir l'avantage. C'est son privilége, et il en use.

Les rouffions sont les pensionnaires, et les jeunes gens au pair, nous l'avons dit ailleurs (page 35), ils s'occupent peu de la vente.

§ V

LES LINGÈRES.

Les lingères sont une anomalie que l'on doit s'étonner de voir subsister encore dans nos grandes maisons de nouveautés.

Cette anomalie prouve une fois de plus quelle indifférence préside à tout ce qui concerne les employés : tout pour la vente, rien pour le personnel.

Qu'on se figure la position morale de cinq ou six femmes perdues dans une armée de jeunes gens, et en faveur desquelles on n'a pris aucune mesure spéciale, on n'a créé aucun privilége.

Ces jeunes filles n'ont-elles donc plus de mère ?

La présence des lingères est-elle absolument indispensable à l'ensemble d'une maison de nouveautés ?

S'il en est ainsi, rien n'est plus facile que de faire aux lingères une position supportable et possible à tous égards.

Mais en continuant le régime actuel, ou plutôt

4

en continuant de fonctionner cahin-caha, comme font aujourd'hui les maisons de nouveautés à l'égard de leurs employés, pour mille raisons, on doit supprimer les lingères.

Nous posons en fait que des femmes ne peuvent répondre aux exigences d'une maison de nouveautés.

La durée du travail est la même pour les lingères comme pour les jeunes gens.

Comme eux, elles doivent *rester debout*, de sept heures du matin à dix heures du soir.

Comme eux, elles payent, par des amendes, toute infraction à la règle établie, tout acte imprévu qu'aucune règle ne signale, et qui n'a d'autre raison d'être que la mauvaise humeur ou le bon plaisir des patrons ou de l'inspecteur.

Enfin toute omission dans les justes mesures d'ordre et de contrôle sans lesquelles nulle maison n'est possible.

Or, si les femmes ont les qualités essentielles que réclame le commerce, ce qui est incontestable, elles ne possèdent généralement pas celles qui font les administrateurs; à chaque instant la règle est faussée, et mille réclamations s'élèvent.

Mais, pour nous, la présence des lingères, dans les maisons de nouveautés, n'est nullement nécessaire, et nous votons pour leur entière suppression.

S'il est des articles de lingerie qui ne puissent être traités par des jeunes gens, supprimez ces articles; ils deviendront, comme les modes, l'objet d'un commerce spécial, et les femmes qui dirigeront ce commerce, soumises à un régime plus doux, seront mieux dans leur sphère.

§ VI

EMPLOYÉS COMMIS AUX ÉCRITURES

LE CHEF COMPTABLE.

Il y a plusieurs espèces de comptables :
Les comptables-machines ;
Les caissiers-comptables ;
Les comptables-négociants.

Les comptables-machines sont les teneurs de livres des petites maisons à vieux système, sans ordre, sans talent, sans confiance, et dont le patron est caissier : travail mal fait, mal compris, mal payé ; c'est une espèce chétive qui s'éteint.

Le caissier-comptable est un homme de chiffres et de capacité.

Il connaît une bonne comptabilité et sa valeur ; il la connaît et la pratique.

Le comptable-négociant est celui qui connaît les affaires et les chiffres.

Le caissier-comptable peut être placé d'emblée dans n'importe quel genre de commerce; il fera facilement la différence du système à appliquer à la différence de ces commerces.

Mais le comptable-négociant d'une maison de nouveautés, est spécial à ces sortes d'établissements.

Un comptable-négociant connaît les ressources du commerce, la valeur d'un personnel choisi, le chiffre d'affaires possible.

Spectateur isolé de cette grande machine aux mille rouages que l'on appelle maison de nouveautés, il en voit les côtés faibles, les parties qui se dérangent, et il sait indiquer les réparations à faire.

L'inspecteur est l'être actif qui aide au mouvement, le comptable-négociant est l'être passif, qui suit la marche du mouvement et l'apprécie.

Seul de tout le personnel, les patrons compris, il est en dehors de ce mouvement, il le domine, et, par cela même, il a sur tout ce personnel l'avantage du sang-froid, la sûreté du coup d'œil, la justesse des conclusions.

Un comptable-négociant est sans prix pour une maison de nouveautés; mais il ne s'improvise pas.

Il a dû, pour arriver à ce degré, passer par la filière bureaucratique d'une maison de commerce, être mêlé au mouvement lui-même ; avoir observé sur sa route les hommes et les choses, les employés et les clients, les qualités des uns, les exigences des autres.

Il a sur ses livres, comme sur une carte géographique, l'état des affaires de la maison ; il sait ce que chaque comptoir doit produire relativement ; et l'équilibre des comptoirs entre eux lui étant représenté par des chiffres, seul, il peut désigner les comptoirs en retard, les faire avancer, grossir le chiffre d'affaires, élever la valeur de la maison.

Les seconds comptables n'ont aucune responsabilité personnelle ; ce sont généralement des jeunes gens qui débutent dans la carrière ; il leur suffit d'avoir de l'ordre et de la régularité.

Selon leurs capacités personnelles, ils seront, à un jour donné, des caissiers-comptables, ou des comptables-négociants.

§ VII

LE PREMIER CAISSIER.

Le premier caissier ou caissier de détail, doit savoir calculer rapidement, manier l'argent, recevoir et rendre ; mais ce n'est là que la partie sommaire, la partie matérielle de sa charge.

Le caissier de détail représente les patrons en face de la clientèle, ce qui nécessite de sa part, beaucoup de tact et de savoir-faire, une grande responsabilité et des pouvoirs très-étendus.

Le caissier de détail doit connaître la clientèle, avoir étudié ses habitudes de payement, ne point faire de fausses démarches qui puisse la choquer.

Il connaît par suite la valeur de chaque client, consent ou refuse les crédits.

Il reçoit les réclamations, s'interpose entre les clients et les vendeurs, fait faire aux clients les réparations qu'il juge convenables pour le profit de la maison.

Il doit être un homme d'intelligence, plein de sollicitude, de tact, de clairvoyance, d'habileté.

Par son adresse, il peut ramener les clients mécontents.

Enfin, il doit pouvoir décider lui-même toute
question de caisse ou d'affaires.

On voit qu'un premier caissier est un employé
de première importance; il vient immédiatement
après le chef-comptable, et va de pair avec le chef
de comptoir.

———

Ce sont de tels employés, des employés qui par
la connaissance qu'ils ont de la clientèle rendent
de si importants services à la maison, que l'on remercie pour une simple question de chiffres.

Encore heureux, si en les remerciant on ne les
injurie pas. Nous en avons vus qui, après 7 ou 8 ans
passés dans une maison, alors qu'ils croyaient leur
position vraiment solide, furent tout à coup renvoyés, traités en plein magasin, « de paresseux,
d'hommes incapables, qui ne gagnent pas le pain
qu'on leur donne. »

Faites-vous donc employé du commerce! il est
vrai que celui-là fut remplacé par un employé à
1,200 fr.; lui en avait 2,000!

On ne saurait trop répéter qu'un premier caissier, malhàbile, peut faire beaucoup de tort à une maison, mais qu'un premier caissier consciencieux, zèlé, éclairé, est un employé de première importance.

Les autres caissiers n'ont qu'à écrire la vente; leur responsabilité s'arrête à la régularité de leurs livres.

§ VIII

L'INSPECTEUR.

Si le tact et l'habileté pouvaient se vendre, c'est surtout l'inspecteur d'une maison de nouveautés qui devrait s'en pourvoir.

Et si les chefs de maisons savaient mieux apprécier la valeur des employés et l'importance des charges, ils ne donneraient la place d'inspecteur qu'à des hommes capables et dignes de la remplir. Mais trop souvent la charge d'inspecteur est considérée comme une sinécure, un supplément ou plutôt un complément de rouage, et elle est donnée sans discernement.

L'inspecteur improvisé qui n'a pas de sa charge une opinion plus haute que n'a été celle du patron, la remplit telle quelle, au détriment des uns et des autres ; il se promène, rêve aux étoiles, rêve à vide au lieu de rêver au profit de la maison.

Un bon inspecteur doit posséder au plus haut degré la science de l'observation, la mémoire, le tact, l'à-propos.

Obligé de se multiplier sans cesse, de tout voir, de tout entendre, il lui faut le bon sens qui juge, le sang-froid qui domine, sous peine d'être un tourbillon, une mouche du coche ou un être nul, un être malfaisant, un espion.

L'inspecteur reçoit les clients, les conduit ou les fait conduire vers le comptoir demandé.

Si les clients lui sont connus, il les adresse à des vendeurs spéciaux, do t les qualités lui paraissent devoir répondre aux exigences de ces clients.

Sa mission envers les employés est ingrate et fâcheuse ; mais il peut, par beaucoup de bienveillance, de bon vouloir et de justice, rendre cette mission très-supportable ; et au lieu d'être l'épouvantail du personnel, en être l'appui et l'ami.

Un bon inspecteur influe sur toute la machine en mouvement ; il aide aux uns, pousse les autres, arrête celui-ci, exhorte celui-là ; il juge les employés plus sur l'intention que sur le fait, à moins que ce fait ne soit onéreux à la maison. En voyant tout, il paraît souvent ne rien voir, afin de n'être pas obligé de reprendre.

Il est des employés excellents sous le rapport des affaires, qu'un inspecteur pointilleux, orgueilleux, à petite vue peut faire perdre à la maison.

L'inspecteur, dans la conduite des employés,

doit tout balancer, le bien et le mal; et comme nul
n'est parfait en ce monde, il doit fermer les yeux
sur le mal quand le bien l'emporte. Ceci l'amène
tout naturellement à ne vouloir que le possible; s'il
s'efface et n'a en vue que l'intérêt de la maison, il
serà un inspecteur parfait.

Nous voudrions pouvoir dire que les inspecteurs
de ce genre sont communs; malheureusement, nous
les croyons rares. C'est une de ces places que les
institutions qui régissent une maison font bonnes ou
mauvaises; et les institutions qui régissent les maisons actuelles laissent trop à désirer pour que les
inspecteurs soient ce qu'ils doivent être.

Tel est le personnel d'une maison de nouveautés.
On voit qu'il n'est pas sans importance ; il doit réunir toutes les qualités physiques et morales : la jeunesse, la bonne humeur, l'entrain, le sang-froid, la
gravité, le tact, l'observation, enfin toutes les qualités intelligentes qui se traduisent par ce mot :
habileté.

Or, si les employés possèdent réellement les qualités que nous venons de dire, n'ont-ils pas droit à
quelque considération?

Si, d'une autre part, par leur zèle bien entendu,
ils ont contribué à asseoir les maisons de nouveautés,
à les rendre, ce qu'elles sont, indispensables au public, n'est-il pas juste que les maisons de nouveautés,
à leur tour, prennent fait et cause pour les intérêts

des employés, intérêts incessamment compromis?
Sans aucun doute.

Cependant, nous osons affirmer que quoique l'exemple en ait déjà été donné par quelques chefs de maisons importantes, ce que nous demandons sera pour la généralité des autres un sujet de véritable étonnement, et portera le cachet d'une exorbitante innovation.

III

ERREURS ET ABUS

DES

MAISONS DE NOUVEAUTÉS

ERREURS ET ABUS

DES

MAISONS DE NOUVEAUTÉS

ACTUELLES

SOMMAIRE.

Les employés dont le concours, heureusement combiné, peut seul assurer le succès d'une maison de nouveautés, quelque bien assise qu'elle soit, d'ailleurs, sont journellement la victime des abus les plus étranges et les moins prévus. Ces abus sont si multiples et ont des principes si vagues, que nous ne nous arrêterons qu'aux plus importants, à savoir :

Les rognures d'appointements ;
Les amendes ;

5.

La nourriture ;
Les sorties ;
Les renvois ;
Les vacances ;
Les économies ;
La réclame.

§ Ier

LES APPOINTEMENTS (ILLUSOIRES).

Si je m'engage à un certain chiffre d'appointements, et que ces appointements soient exposés à des réductions de tous-les genres, j'aurai travaillé pour le patron. Mais qu'aurai-je fait pour moi-même?

J'aurai fait des dettes.

Or, des dettes, c'est tout ce qu'il y a de plus malheureux pour l'employé, tout ce qu'il y a de plus heureux pour les patrons. Car, nous l'avons dit, le patron ne voit qu'une chose, le profit. Que lui importent les affaires privées de son employé? Plus elles seront embrouillées, mieux cela lui vaudra. L'employé qui a des dettes, ce qui ne manque jamais d'être su du patron, l'employé qui a des dettes ne demande pas à être augmenté; il est rivé pour ainsi dire à sa maison. Donc, avec lui, point de ménagements à prendre, point de mesure à garder, point de gratification à donner surtout, c'est tout profit.

Or, engager un employé à un chiffre fixé d'appointements, et rattraper ces appointements sous mille formes, pour mille prétextes absurdes, c'est un abus indigne.

Un employé est bon ou mauvais ; ·.

S'il est bon, payez-le et gardez-le ; s'il est mauvais, payez-le encore et renvoyez-le ;

Mais fixer des appointements, puis les réduire en détail, c'est obliger l'employé à vivre en aveugle, à marcher à l'aventure, à prendre des engagements qu'il ne peut satisfaire, c'est se faire le complice d'un désordre inévitable.

Et c'est ce qui arrive dans la généralité des maisons.

Les employés sont arrêtés à l'année, et quand on les renvoie, on les règle à la journée.

Si la loi a laissé à l'arbitrage du patron le soin de régler cette circonstance, c'est qu'il est sous-entendu que le patron la résoudra avec justice et largesse ; que, par exemple, un employé arrêté à l'année, payé par douzième, de mois en mois, ne peut être réglé autrement qu'il n'a été arrêté ; qu'ainsi, tout mois commencé entraîne forcément le payement intégral de ce mois. Cette clause, qui nous paraît si simple, si équitable, qui a des côtés si avantageux pour l'employé, puisqu'elle l'empêche de rester au dépourvu, cette clause n'est précisément jamais résolue à l'avantage de l'employé, et l'employé éconduit ne se plaint point, car il dépend encore du patron qu'il quitte. Si celui-ci donne de mauvais renseignements, ou seulement des renseignements équivoques, l'employé ne peut se recaser ; il préfère donc fermer les yeux sur cette clause inobservée de ses droits tacites et supporter cette perte : premier abus.

On retient encore sur les appointements des employés :

Les jours de maladie,

Les absences,

Les vacances volontaires ou forcées (dans quelques maisons on *force* les employés à prendre des vacances),

La casse,

Les amendes sérieuses et celles qui ne le sont pas.

§ II

VACANCES FORCÉES.

On comprend à peine que des maisons qui font des millions d'affaires par année lésinent à ce point.

Ce n'est que trop vrai. Le patron qui encaisse des millions ne trouve pas indigne de lui une rognure aux quelques centaines de francs, qui sont le tout de l'employé : brèche par-ci, bribe par-là, cela finit par faire une petite somme.

C'est pitoyable ! ce n'est pas juste non plus.

Pendant la grande vente, l'employé a travaillé comme quatre, lui n'a eu que la peine de ce travail forcé : mais ce sont les exigences du commerce ; aujourd'hui travail double, demain point d'affaires ; saison de fatigue, saison de repos, l'une compense l'autre.

Cela devrait être, mais cela n'est pas.

Le patron, qui se promène de long en large, qui voit ses galeries désertes et le soleil inonder les rues, calcule ce qu'une réduction dans le personnel produirait de bénéfice à sa caisse ; et, pour conclusion, il fait inviter tels employés à prendre des vacances ou à sortir. Ceux qui sont ainsi désignés ne reçoivent donc, dans la meilleure occurrence possible, en supposant qu'ils n'aient de retenue d'aucune sorte, que onze mois d'appointements et onze mois de nourriture : le douzième mois est un supplément inattendu de frais complétement à sa charge.

Donc, l'employé qui n'a point eu de retards, qui n'a rien cassé, qui n'a pas laissé de porte ouverte, et autres affaires de cette importance ; qui n'a, d'autre part, commis aucune omission, qui a été ponctuel dans l'observation rigoureuse du règlement, ne peut compter sur l'intégralité de ses appointements.

Mais il y a bien quelques jours de maladie ou d'absences forcées? des amendes? qui n'en a pas? Tout cela forme autant de motifs de réduction du chiffre principal, et justifie pleinement notre expression d'*appointements illusoires*.

§ III

NOURRITURE.

La nourriture, d'ailleurs, aurait suffi pour ébrécher les appointements d'une manière notable.

Dans la généralité des maisons de nouveautés la nourriture des employés est mise à l'enchère ou plutôt *au rabais* ; un cuisinier se charge de nourrir tout le personnel moyennant tant par tête (généralement de 90 cent. à 1 fr. 10).

Ce système peut être profitable à la maison, il lui épargne une foule d'embarras ; mais pour être aussi profitable aux employés, il faudrait qu'il fût l'objet d'une surveillance toute particulière. Or, la nourriture n'est point inspectée. Le cuisinier, à ses débuts, fait faire aux employés assez bonne chère, et il acquiert ainsi le droit de les traiter ensuite à sa manière. Or, dans quelques maisons, les employés qui se plaignent sont renvoyés.

Nous en avons vus qui souffraient tant et depuis si longtemps, qu'ils signèrent tous une pétition qui fut remise au patron. Il était difficile, pour une cause semblable surtout, de renvoyer tout le personnel! Le cuisinier fut tancé; et, pour quelque temps au moins, la nourriture fut supportable.

Il est encore des cuisiniers qui cumulent; ils sont cuisiniers ici et restaurateurs là ; ils partagent leur temps entre les deux maisons. Quels soins peuvent-ils donner aux employés, eux qui n'ont pas le droit de se plaindre? tandis que le client, dont le bifteck est dur ou le ragoût malsain, renvoie son plat, garde son argent et se fait servir ailleurs. Le restaurateur à double face se gardera donc bien de mécontenter ce dernier!

De cette nourriture au rabais, voilà ce qui résulte :

Les cuisiniers qui fournissent la table des employés, au meilleur marché possible, se réservent le droit de vendre des suppléments.

Si donc l'employé n'est pas satisfait de l'ordinaire, il se fait servir, à ses frais, des plats supplémentaires, généralement bien soignés, car, ici, l'employé n'est plus une machine à bénéfice, c'est un client qui a le droit d'exiger et qui exige. La coutume des suppléments se généralise ainsi parmi le personnel ; et le cuisinier, auquel la maison paye un fixe fabuleux de bon marché, reçoit une somme pareille des employés, ce qui rétablit l'équilibre et lui permet de réaliser d'assez jolis bénéfices.

Aussi, ces places de cuisinier sans appointements sont-elles fort enviées ; les chefs de maison y gagnent moitié sur les frais de tout un attirail de cuisine à gage ; mais, comme les appointements, la nourriture des employés par la maison est illusoire.

Et pourtant nous n'avons parlé que des suppléments volontaires de nourriture ; restent les suppléments forcés.

En général, les maisons de nouveautés ne font pas faire de dîner le dimanche. Donc, les employés doivent se nourrir forcément et leur jour de sortie et leurs jours de garde.

Nouveau motif de grèvement pour les appointements des employés.

Mais il est un abus qui fait encore de bien larges brèches à ces appointements, ce sont les amendes.

§ IV

LES AMENDES (abus).

Les maisons de nouveautés ont adopté ce système, de faire payer aux employés, par des amendes, toute contravention au règlement.

Ce système une fois établi, il s'est étendu à tout ce qui peut s'imaginer et à ce qui ne peut pas s'imaginer ; nous ne párlerons que des amendes du matin.

Qu'est-cé, après tout, que cette amende ?

La vente que vous me faites de mes retards. Vous me revendez mon temps, que je vous avais vendu, mais à quel prix !

Je suppose que je suis employé chez vous à 1,800 francs ; je gagne 5 francs par jour, environ 35 centimes par heure ; eh bien ! vous me revendez la 60ᵉ partie de cette heure, car je suis à l'amende pour une minute, vous me la revendez, dis-je, vous, 50 centimes ; votre confrère, 1 franc.

A supputer mon temps à ce taux, mon temps serait cher, 30 francs par heure, rien que cela ! le travail de six jours. Mais pour être ainsi rigide sur les heures d'entrée, vous me tenez peut-être compte des heures supplémentaires du travail du soir ?

Si la règle de la maison est de fermer à dix heures, et que les employés, pour une cause quelconque, ne sortent qu'à minuit, vous me payez ce supplément de travail, d'autant plus pénible, qu'il s'ajoute à 15 heures d'un travail continu ?

Nullement, vous ne me payez toujours que mes 15 heures.

Et je ne me plains point, car je sais que les intérêts de la maison exigent ce travail supplémentaire.

Je ne me plains point du travail, mais je me plains de l'amende ; car, si le lendemain j'arrive en retard, il me faudra la supporter.

Pourquoi donc serais-je plus généreux pour vous que vous n'êtes indulgent pour moi ?

Pourquoi vous ferais-je cadeau de mon temps, qui est toute ma fortune, lorsque vous êtes si subtil à me rogner mes appointements, qui sont la rémunération d'un travail si profitable à la vôtre ? Soyez conséquent : payez-moi mes heures supplémentaires, et mes retards seront à ma charge avec justice.

Il est vrai qu'à l'époque de l'inventaire, certains employés reçoivent une gratification ; voilà qui compense tout, dira-t-on, et décidément *je dois* payer mes retards.

Voyons cette gratification.

La gratification, son titre seul l'indique, est facultative, je puis la recevoir une année et ne pas la recevoir une autre, tout en l'ayant aussi bien méritée. Mais le patron peut n'attacher pas la même importance à mes services ; peut-être déjà, dans sa pensée, avise-t-il aux moyens de me remplacer par un employé moins onéreux à sa caisse ? en ce cas, point de gratification ; si je suis froissé que je quitte la maison, ce sera justement l'affaire.

Mais les gratifications sont rares ; sur soixante employés, il y en a peut-être deux qui la reçoivent ; donc, il y a cinquante-huit employés qui n'auront pas même cette fiche de consolation.

Telle qu'elle est, l'amende pour moi est un abus, et le mot est doux ; elle me froisse, m'indispose ; loin d'être, pour moi, l'obligation d'être exact, c'est presque le conseil du contraire.

Si donc c'est pour avoir des employés exacts que vous faites payer l'amende, vous êtes dans une erreur complète, et vous avez justement le contraire de ce que vous voudriez avoir.

On pourrait encore réclamer contre l'amende uniforme, qui est une criante injustice. Si votre amende est de 1 franc, un employé qui a 85 centimes d'appointements par jour vous donne, avec ses 15 heures de travail, encore 15 centimes de 'sa poche. Est-ce équitable? est-ce possible ?

Non, ce n'est pas équitable ;

Mais c'est très-possible, attendu que cela se voit chaque jour.

Nous affirmons que l'on peut être fort bon employé, très-travailleur, nullement paresseux, et avoir dix amendes par mois, lesquelles ne représentent pas, en tout, une heure de travail, et l'employé à 1,800 francs aura payé cette heure du prix d'une de ses journées, sans avoir joui de cette journée, ou du prix de deux journées, si l'amende est de 1 franc.

Nous affirmons, en outre, que les amendes du matin sont une cause de fâcheuses dispositions pour les employés, et de suppositions injurieuses pour les patrons ; suppositions absurdes, sans doute, mais qui n'en sont pas moins formulées.

Ainsi, tous les employés peuvent se rappeler avoir entendu dire en plein magasin, que « le patron était de mauvaise humeur, parce que les amendes n'avaient pas donné le matin. »

Donc, aux yeux des employés, l'amende change de caractère : c'est une spéculation sur leurs appointements.

Les amendes sont un tort réel fait à l'employé qui n'a que ses appointements, lui ; point de coups de vente qui le dédommagent ; c'est une perte, et une perte bien entière. Elles sont encore un tort pour la maison : un employé, mal disposé, n'a pas pour le client la complaisance nécessaire, il en est même qui se vengent des amendes en coulant un article.

Elles sont injustes et humiliantes : un bon employé n'est pas exact afin de ne pas payer l'amende, mais parce qu'il a à cœur d'être dans les conditions de sa charge, et qu'il se sent blessé d'être dans le cas de recevoir une observation.

Un bon employé qui se révolte contre une amende de 50 centimes, donnerait 5 francs de sa poche pour n'être pas en retard.

Il faut pourtant respecter la dignité des individus d'un certain ordre, et ne pas confondre les employés

6

de la nouveauté avec les écoliers, et les fustiger à sa manière.

Un bon employé, que les amendes du matin froissait, ne voulant, par réciprocité, donner à la maison ni une minute de plus, ni une minute de moins que le temps voulu, régla sa montre, un soir, sur l'horloge du magasin ; le lendemain, il était juste, à sa montre, en retard de cinq minutes sur l'horloge. Qu'était-il donc arrivé ? et à qui la faute ? était-ce à la pendule, était-ce à la montre ? L'employé paya l'amende, mais il fut perdu pour la maison ; il partit le jour même.

Cependant les quolibets circulèrent et chacun vanta à sa manière l'intelligence de cette pendule qui avait empli la caisse du patron.

Nous le répétons, l'amende a dû, dans l'origine, être créée pour garantir l'exactitude d'employés inconnus, et que l'on ajoutait à son personnel pour les besoins du moment.

L'amende, aujourd'hui que la profession d'employé est une carrière prévue, étudiée, est une injure faite aux employés ; un tort moral, irréparable, que les patrons se font à eux-mêmes, une chance de perte qu'ils font courir à leur maison.

Nous engageons donc de tout notre pouvoir les patrons à la supprimer.

§ V

FICELLE.

Dans une agglomération d'individus, il y en a de bons, de mauvais, ou seulement de faibles. Pour peu que les règlements relatifs à ces individus laissent de prise, la corruption aura beau jeu.

C'est ce qui arrive dans le corps des employés de la nouveauté.

A côté des employés sérieux, et en dehors des calicots, qui ne sont que les employés légers, les faibles, il y a les *mauvais employés*, ceux qui ne sont ni sérieux ni calicots, mais tout simplement des hommes ignorants, incapables, sans aucune valeur personnelle, et qui ne s'avancent qu'à l'aide de l'élasticité du règlement, de la flatterie, de la délation, de la bassesse. Ainsi les bons employés n'ont pas seulement à lutter contre les désavantages d'une position mal agencée, mal réglée, contre la fantaisie, le caprice des patrons ; ils ne sont pas seulement victimes du mauvais temps, de la mauvaise chance et, du reste, ils le sont encore, et bien plus, des intrigues des petits, des impuissants, des incapables, des envieux.

Un bon employé a son affaire trop à cœur pour calculer, sur l'expression de la figure du patron, les chances de la journée. Il serait trop fier, d'ailleurs, pour calquer sa pensée ou sa manière sur la manière et la pensée d'un autre, cet autre fût-il patron.

Un bon employé sait mieux occuper son temps ; si les clients ne donnent pas, il a mille choses à voir, à combiner pour le profit de la maison.

Pendant qu'il médite à un mieux possible, qu'il prépare un succès, *la ficelle* (le mot est consacré) médite une bassesse.

Il est des ficelles grossières, dont la ruse est facilement comprise ; il est des ficelles adroites, dont toute la préoccupation est de se hisser sur les épaules de ceux qu'elles choisissent pour victimes, et dont les bons employés servent d'autant mieux les projets qu'ils sont plus loin des combinaisons basses de ces êtres dégradés.

Il est enfin des ficelles qui n'ont d'autre but que de se donner de l'importance, et qui se contentent de reporter au patron tout ce qui se dit dans le magasin.

Les ficelles trouvent nécessairement tout bien ; elles sont foncièrement de l'avis de tout le monde,

quoique pour la forme, elles fassent parfois des sem-
blants d'opposition. Les ficelles habiles ne dénigrent
jamais les bons employés dont elles convoitent la.
place ; elles tournent la difficulté : elles les louent
d'abord, indiquent ensuite, sans avoir l'air d'y tou-
cher, une apparence de travers, et laissent couver
l'affaire : pour l'activer, elles reviennent de temps
en temps à la charge.

Cependant le patron, mis sur une fausse voie,
commence à douter de la valeur d'un employé qu'il
estimait ; il s'en tient éloigné, lui montre moins de
confiance ; celui-là, malgré ses préoccupations, finit
par s'apercevoir de la froideur qu'on lui témoigne ;
froissé, lui qui ne s'occupait que d'un mieux à produire, il se renferme dans un silence plus complet ;
le patron appelle orgueil ce qui n'est que dignité ;
chacun des deux se retire de l'autre.

Cependant il y a les communications forcées ; là
les capacités de l'employé se révèlent ; on découvre
que les préoccupations auxquelles on avait attribué
un caractère hostile sont, au contraire, la preuve
du dévouement de cet employé. Mais le coup est
porté, il n'y a plus réciprocité d'entente ; l'employé,
froissé, reste sur la réserve, et la ficelle triomphe.

Un beau jour qu'elle fait du zèle à huis clos, elle
porte le dernier coup, elle s'inspire des idées de sa

victime, qu'elle présente comme siennes, trouve un prétexte, et déclare être dans le cas de quitter la maison si les choses restent plus longtemps dans l'état où elles se trouvent.

Le patron n'y voit pas trop clair; ce qu'il y a pour lui de plus évident, c'est que voilà un employé qui coûtera beaucoup moins que l'autre, qui paraît avoir du zèle, de la capacité, et que tous comptes faits, il n'y a nul inconvénient à remercier le premier, et il le remercie.

La ficelle paraît au comble de l'étonnement; elle serre traîtreusement la main de celui dont elle a sourdement ruiné la position, lui monte la tête, ce qui n'est pas difficile, car l'employé, indigné cette fois de l'ingratitude du patron, plein de mépris pour un homme qui n'a pas eu assez de clairvoyance pour apprécier son travail, se retire sans explication; c'est ce que voulait la ficelle, qui s'empare, sans coup férir, de la place de son supérieur.

De la place, non! ce n'est qu'une machine à la place d'un homme; mais la machine est rusée, elle brossera l'épaule, et cela remplace bien souvent les capacités.

Il est donc des ficelles qui occupent les premiers emplois : arrivée là, la ficelle va, vient, s'agite quand tout le monde se repose, se repose quand tout le monde s'agite, ou qu'elle croit n'être pas vue du patron.

Il y en a qui, le soir, ne commencent à plier les étoffes qu'au moment de la fermeture ; alors que tous les comptoirs sont prêts, lui se hâte, se presse, fait du bruit, est essoufflé, en nage, « Quel employé ! voilà un homme qui prend à cœur les affaires ! » Pendant ce temps les autres employés haussent les épaules en maugréant, et peu s'en faut, pour se venger d'être retenus par lui après l'heure, qu'on ne l'enroule de quelques pelotons de bonne ficelle, et qu'on ne le pose proprement à la porte.

Il en est encore qui, leur jour de sortie, viennent faire un tour au magasin ; il semble qu'ils ne puissent se passer d'y être, tant ils prennent intérêt aux affaires ; il est vrai qu'ils partent aussitôt qu'ils ont été aperçus par le patron ; c'est ce qu'ils voulaient .

La ficelle est une dégradation qui n'aura que peu ou point de prise, quand un règlement large aura mis en évidence les capacités réelles, et nous n'avons besoin d'aucune phrase pour prouver que ce sera tout profit pour les patrons.

Dans une administration telle que le sont aujourd'hui les maisons de nouveautés, les individualités disparaissent ; il faut juger les hommes sur leurs œuvres, et non sur leur dire.

§ VI

DE LA RÉCLAME.

La réclame est un coup de grosse caisse pour amener la foule ; il est curieux d'en suivre les péripéties.

Nous sommes en novembre, le temps est sombre, il ne fait ni chaud ni froid ; les magasins sont à peu près déserts.

Le patron, pensif, l'air rogue, se promène silencieux entre ses comptoirs privés de clients. Tout le personnel, inquiet, se consulte du regard et semble craindre une catastrophe. S'agit-il d'une razzia ? Et, dans ce cas, quelles seront les victimes sacrifiées à la mauvaise chance ?

Tout à coup le patron se frappe le front avec une sérénité qui rassure ; il s'élance vers l'escalier, court plutôt qu'il ne marche vers son cabinet, et s'y enferme. Il a trouvé ce qu'il cherchait depuis quatre jours, le prodige est enfanté ! Or, ce prodige est une réclame ; il ne s'agit plus que de la formuler. C'est l'affaire d'un moment.

Bientôt on le voit reparaître ; il se dirige vers les comptoirs, demande aux employés s'ils sont en mesure de fournir les marchandises qu'il leur désigne. Ceux-ci, complétement remis de leur panique, consultent la réclame et répondent en sens divers : les lingères attendent quelques peignoirs, elles en feront leur affaire ; d'autres n'ont pas d'articles aux prix cotés, mais ils en feront, il suffit d'abaisser le le chiffre marqué au niveau de la réclame. C'est facile.

Des étoffes, par exemple, qui coûtent à la maison 45 centimes, qui devaient se vendre 60 centimes, seront vendues 20 centimes. Ce sera plus de 50 p. cent de perte ; n'importe, on s'arrangera pour couvrir avantageusement cette différence. Or, s'arranger, c'est tout simplement détourner les clients des articles de réclame et leur faire acheter les marchandises cotées au cours ordinaire.

Peut-on supposer, en effet, que des patrons qui ont des frais généraux énormes, consentent bénévolement à vendre leur marchandise à 25 p. 100 de perte pour faire plaisir au public? Si le marchand perd d'un côté, c'est dans l'espoir de regagner de l'autre, et il regagne en effet. La foule est là, la foule bénévole, qui a donné dans la réclame, et qui suppose que toutes les marchandises du magasin sont de bonne prise ; elle achète et elle paye, c'est ce qu'il faut ; l'un compense l'autre.

Après tout, le marchand est parfaitement libre de proposer tel prix qu'il lui convient de sa marchandise, c'est au client de s'y connaître ; mais les connaisseurs sont si rares ! il y en a cependant. Il est à Paris une série de femmes très-habiles qui n'ont pas tardé à deviner le truc de la réclame.

Ces dames, le jour de la vente indiquée, arrivent au magasin le journal à la main, et n'achètent que les articles annoncés. Si l'une d'elles se présente à la soierie, le vendeur, qui la connaît, veut éluder. — Madame, cet article est vendu. — Comment, vous annoncez vingt mille mètres de soierie quadrillée à 1 fr. 95 cent. ; il est dix heures du matin à peine, et vous n'en avez déjà plus? C'est mauvaise volonté. Un autre vendeur, qui voit que l'affaire se gâte, prend l'article et présente l'étoffe. La dame fait son choix fort tranquillement ; elle sait bien ce qui fait faire une si longue figure à ces malheureux employés ; elle rit sous cape, mais elle conserve son sang-froid apparent, et demande quatre robes. — Quatre robes à une seule personne et à une habituée de la réclame ! à une femme que rien n'embarrasse, et qui, de la meilleure grâce du monde, vous prouve qu'elle est dans son droit, et que, de deux choses l'une : ou vous n'indiquez des articles bon marché que pour la forme, ou vous voulez les vendre. — Expliquez-vous, monsieur, voilà le journal. Pour moi, je veux être libre; j'ai fait mon choix d'avance; j'achète et je paye ce qui me convient, c'est à vous de dire s'il vous convient de vendre ou de faire promener le public. Il n'y a rien à répondre. Les quatre robes sont coupées ; la dame fait le tour du magasin, fait rafle sur tous les articles de réclame, et sort très-satisfaite.

Le patron l'est moins, car cette dame, que l'on avait reconnue, lui a été désignée; il l'a suivie à distance, et il grommelle, en la voyant partir : — Allons, en voilà une qui m'emporte pour 150 francs d'argent de ma caisse.

Le patron a raison, et le vrai public, qui viendra tout à l'heure, n'aura pas lieu d'être plus content que lui. Alors, en effet, les articles de réclame auront été enlevés; et pendant que les habitués de la réclame se glorifient à huis clos de leur savoir-faire, qui leur a fait trouver le moyen de se vêtir et de décorer leurs appartements à un bon marché vraiment fabuleux, la généralité du public s'aperçoit qu'il a été la dupe de promesses illusoires; il comprend que si le chiffre de marchandises de réclame avait été exact, il aurait pu en avoir sa part. Il se promet donc une autre fois de venir plus tôt ; c'est ce qu'il ne m anque pas de faire. Ainsi s'augmente chaque jour le nombre déjà très-considérable des habitués de la réclame.

La réclame est un abus qui périt de lui-même. Le public se rit de ces maisons soi-disant importantes, qui se dénigrent à qui mieux mieux, et s'envoient réciproquement des injures, sous prétexte de révéler à ce bon public les réels avantages qu'elles lui réservent. Aussi, des maisons vraiment sérieuses y ont-elles renoncé ; elles ont compris que coter des articles à perte avait le double inconvénient d'être onéreux, et de rabaisser les magasins au niveau des déballages de la foire.

Nous approuvons et nous partageons ces délicatesses.

Nous voudrions, dans les maisons de nouveautés, plus de respect pour le public et pour elles-mêmes.

Nous voudrions que le public, connaisseur ou non, n'eût aucune raison de se plaindre.

Tous les avantages qui résulteront de la réclame, ce sera d'avoir obligé le public à se déplacer, d'avoir généralisé les clientèles, élevé la valeur des maisons

7

de nouveautés de deuxième et de troisième ordre. Ces maisons, en effet, ne se sont plus bornées à s'approvisionner des articles courants qui suffisaient aux besoins de leur clientèle locale, elles ont maintenant un assortiment complet comme goût, comme prix et comme qualité de toute espèce de marchandises.

Ce progrès obtenu, et le seul que l'on doive attendre de la réclame, elle doit tomber.

Les patrons viendront aux seules voies possibles de succès, à savoir : de bonnes marchandises, de bons employés, des employés *intéressés* à faire faire de bonnes affaires à leur maison.

Avec beaucoup moins de frais que ne leur en coûte la réclame, les patrons donneront assez de stimulant à leur employés pour n'être pas obligés d'y avoir recours.

§ VII

LE RENVOI.

Il faut bien des formalités pour admettre un employé, il n'en faut aucune pour le renvoyer. « Passez au bureau ; faites vous régler.» Tout est dit : employé le matin, sans place le soir.

Il est vrai qu'il y a réciprocité ; l'employé peut quitter le patron avec le même sans-gêne. Mais ici la réciprocité s'arrête : il y a toujours un flottant d'employés à placer, il n'y a pas de même un flottant de places à prendre.

Et puis, ce n'est pas l'intérêt de l'employé de changer incessamment de maison ; ce n'est pas ainsi qu'il peut se faire la position sérieuse qu'il ambitionne.

Le patron, lui, a mille prétextes pour renvoyer un employé, et autant de raisons pour se servir de ces prétextes.

C'est :

Un employé dont la figure ne revient pas ;

Une absence ;

Un retard ;

Un mot trop vert à une observation absurde ;

Une faute d'oubli contre le règlement ;

La morte vente.

Il y a encore une cause toute naturelle, mais qui n'est pas d'abord connue des employés, la voici :

Bon nombre de patrons prennent des employés, avec l'intention arrêtée, de ne les garder que pendant la saison des affaires ; s'ils agissaient avec franchise, nul doute que l'employé n'accepterait pas leur place. La saison va s'ouvrir, les comptoirs dégarnis devront être complétés, c'est le moment de se bien caser ; le patron ne vous laisse pas le temps de réfléchir, il vous arrête, vous entrez.

La morte vente arrive, le patron qui n'avait besoin de vous qu'en passant, vous renvoie, sans cérémonie et vous, employé, qui comptiez sur vos services, qui vous étiez multiplié, qui aviez rempli votre charge avec zèle, vous êtes de nouveau sans place, et de plus à une époque où il est généralement difficile de se caser. Il est d'autres cas moins à l'avantage encore des patrons ; c'est celui, par exemple, où un patron, mécontent d'un employé pendant la grande vente, dissimule et attend pour renvoyer l'employé que la morte vente soit venue.

On le voit, toutes les mauvaises chances, tous les abus sont tournés contre l'employé ; tout pour le patron, tout pour la vente, rien pour lui.

RÉSUMÉ

RÉSUMÉ

Si les chefs de comptoirs connaissent le cours de la place, le genre de marchandises à placer dans les comptoirs ; s'ils suivent le mouvement des affaires, aident à leur développement, sont heureux et habiles dans leurs opérations,

Si les vendeurs étudient l'esprit de la clientèle, savent la satisfaire, et prévenir ses goûts,

Si les caissiers, officieux, intelligents, zélés, font preuve de tact et de discernement dans les crédits demandés, s'interposent si habilement entre les clients et les vendeurs, que la clientèle satisfaite se fixe et devient toujours plus étendue,

Si l'inspecteur, se multipliant sans bruit, portant sa pensée à tout, aide bien réellement au mouvement de cette immense machine, y fait régner l'entente et la concorde,

Si le chef comptable, mettant à profit sa position isolée, a saisi les côtés faibles de la maison, les a indiqués au patron, et, par une impulsion nouvelle a rétabli l'équilibre, fait atteindre à la maison un chiffre d'affaires plus élevé, lui a fait réaliser des bénéfices plus nets, et a indiqué le roulement à suivre pour maintenir cette maison en progrès,

On peut dire qu'une maison de nouveautés est l'œuvre individuelle et collective des employés qui la composent.

Mais les employés ne peuvent être tels qu'à la condition d'être respectés dans leur personne, sauvegardés dans leurs intérêts.

Or, respecter les employés dans leur personne, c'est:

Anéantir toutes les vieilles coutumes blessantes;

Établir un règlement d'estime, à la place du règlement de défiance actuellement en usage.

Les sauvegarder dans leurs intérêts c'est :

Faire que les avantages promis ne soient point illusoires ;

Songer que les employés ne sont pas une espèce auxiliaire, créée et mise au monde pour le plus grand profit des patrons, la plus grande gloire des maisons de nouveautés;

Qu'eux aussi, ils ont un intérêt dans la vie, un intérêt personnel, un intérêt de famille à défendre et à sauvegarder.

Et ici, il ne s'agit pas même d'une augmentation dans la rémunération du travail des employés, il s'agit tout simplement de donner à ce travail une sécurité suffisante; de ne pas laisser l'employé sur un éternel qui-vive; de ne pas faire dépendre sa position d'un caprice ou d'une digestion mal faite; de ne pas compromettre les intérêts des employés par des combinaisons sordides.; de les faire sortir du vague où on les jette, espèces d'employés au jour et à l'heure, que l'on arrête le matin et que l'on remercie le soir.

L'intérêt personnel bien entendu est sacré et respectable.

Or, dans presque toutes les maisons de nouveautés, les intérêts des employés sont incessamment sacrifiés; ils ne sont même pas comptés.

Nous ajoutons que l'intérêt que nous défendons, est le *seul* sacré et respectable;

7.

Que c'est le seul moyen qui soit donné à l'homme, de conserver sa dignité ;

Car c'est le fruit d'un travail assidu et consciencieux.

Nous avons vu le cas que les patrons font de la dignité des employés, le monde en cela est d'accord avec les patrons.

Quand on se présente sous le titre d'employé du commerce, on est accueilli par un sourire narquois ; c'est que, dans le monde, employé du commerce est synonyme de fanfaron et le reste.

Or, nous avons vu ce qu'ils font de travail pour faire un de ces fanfarons dont le monde plaisante.

Ayant dit ce que les employés font pour leur maison, voyons ce que la maison fait pour les employés.

Cette maison pour laquelle l'employé a donné ses soins, son talent, sa vie ;

A laquelle il voulait s'attacher comme on s'attache à son œuvre ;

Dont la prospérité était le but ;

Lui échappe, sous le plus léger prétexte, ou même sans prétexte.

Et lorsqu'il se croyait le mieux enté, lorsque, énumérant les efforts par lesquels il était arrivé à obtenir de réels succès, il en méditait de nouveaux,

Sa place lui est simplement retirée. Alors, s'il regarde autour lui, il voit que cette place a été donnée à un employé incapable, à un *commis*, mais que l'on payera moins cher.

Il a donné l'impulsion, le patron, satisfait de cette impulsion, compte qu'elle ne s'arrêtera pas, qu'un employé supérieur n'est plus absolument nécessaire, qu'un bisteau pourra le remplacer ; que ce bisteau entre autres avantages, aura celui de coûter moins cher, et d'être plus loin du patron; car l'orgueil de certains patrons dépasse toute vraisemblance. Un patron dit un jour à un employé *qui avait joué* au billard, au café, devant lui: « Je vous défends de jouer quand je suis là! » On ne peut parler ainsi à un employé de premier ordre, c'est gênant; mais on peut parler ainsi à un bisteau, et c'est un plaisir que l'on se passe, sitôt que l'on croit n'avoir plus besoin de l'employé en question.

Pour lui, il reconnaît que ses soins ont été méconnus, puisqu'ils sont sacrifiés à une bassesse;

Que ses espérances d'avenir sont anéanties, car le temps qu'il a passé là, dans cette chétive maison, qui lui doit en partie ses succès, il ne reviendra plus;

Et puis, s'il regarde les autres maisons, il voit que les employés, bons ou mauvais, sont traités avec le même sans-gêne; que cet avenir de travail qu'il s'était rêvé, mais de travail compris et estimé, est perdu;

Qu'il n'a été, comme tant d'autres, qu'un instrument de succès, que l'on rejette dès que l'on croit pouvoir s'en passer;

Que tel employé, qui a bien mérité de sa maison en faisant un comptoir renommé et productif;

Qui l'a amené, pense-t-il, à son apogée;

Que tel comptable qui a rectifié une position insolite ou organisé une comptabilité irréprochable, qui a fait l'ordre ou fait cesser le désordre;

Qui, par ses conseils éclairés, a fait faire à sa maison de réels progrès;

En un mot, que l'employé que l'on devrait récompenser par des appointements meilleurs, un intérêt, une position sérieuse, définitive;

Peut, d'un instant à l'autre, et sans aucun scrupule des patrons, être remplacé par un employé moins onéreux.

Pourtant un tel acte n'est pas seulement une ingratitude réelle, une sorte de manque de foi, car, en toute chose, il semble exister une convention tacite, « que le zèle sera compté à celui qui en fait preuve; » c'est encore l'acte de la plus insigne imprévoyance.

L'employé éconduit était connu et apprécié de ses collègues.

L'employé éconduit jette par son départ, sur tout le personnel, un découragement qui arrête les dévouements individuels et collectifs. La maison, ses succès, son avenir, tout disparaît devant cette immense injustice dont chacun est menacé.

C'est ainsi que les maisons coulent. On peut calculer la durée d'une maison dont les bons employés s'éloignent. Cela est si vrai, que telle maison que nous ne nommerons pas, lorsqu'elle ouvrit, confia les premiers emplois à des jeunes gens vraiment capables. Les appointements, assez modestes d'abord, devaient suivre une progression ascendante comme la marche de la maison.

Cette clause était juste, elle fut acceptée. La maison prospéra.

Bientôt elle atteignit un chiffre d'affaires inespéré qui la rangea parmi les premières. C'était le moment de reconnaître les services rendus, de sauvegarder les intérêts de ceux aux talents desquels ces succès étaient dus.

Les patrons firent fausse route :

Les succès obtenus leur parurent une garantie suffisante des succès à venir.

Par une réserve plus grande, ils élargirent la distance qui sépare déjà les employés du patron.

Bientôt ils confondirent les employés bons et mauvais.

Ceux auxquels ils devaient tout et ceux auxquels ils ne devaient rien.

Les bons employés, trop fiers pour accepter une position équivoque ;

Pour réclamer l'accomplissement d'engagements pris et non tenus,

Abandonnèrent la maison, qui n'eut plus que des employés de second ordre. La maison était au premier rang, elle est au troisième.

Une maison qui a ainsi perdu de sa valeur, loin d'en reconnaître la cause et de revenir par le choix de bons employés au rang qu'elle avait occupé, continue ses économies, les réformes passent des premiers employés aux seconds, et ainsi elle arrive à n'avoir que des employés foncièrement mauvais ou des apprentis. Et comme la décadence va toujours croissant, en raison de l'abaissement du personnel, il faut recourir aux grands moyens, pour ramener la vogue, ou l'on emploie la réclame.

Autre erreur !

Tout à l'heure, il n'y avait de trompés que les patrons, qui croient servir leurs intérêts en les isolant de ceux des employés ; et les employés qui, sur la foi d'engagements antérieurs, ont perdu plusieurs années de travail. Maintenant il y aura un trompé de plus : c'est le public.

Le public, alléché par une réclame étourdissante, se porte en foule vers la maison indiquée.

Rien de mieux.

Mais il ne le fait pas sitôt que les articles cotés à perte ne soient enlevés par les habitués de la réclame.

Quand la généralité du public arrive, il ne reste plus guère que les articles cotés au cours ordinaire.

Et c'est en cela que le public est trompé ; il ne paye ni plus ni moins cher qu'il aurait payé le lendemain, ou qu'il avait payé la veille ; mais il ne paye pas meilleur marché que le cours ordinaire, et il a été amené là malgré lui.

La réclame est si absurde, elle est si contraire aux intérêts des patrons, des employés et du public, que l'on doit désirer de voir arriver le moment de sa chute ou de sa transformation en annonce sérieuse.

Il n'y a, nous le répétons, pour les maisons de nouveautés, de succès possibles et durables que dans l'unité d'intérêts entre le patron et les employés ; il n'y a de réforme morale sérieuse à espérer des employés de la nouveauté que dans une position *honorée*, *réelle*, et non pas *illusoire* comme elle l'est aujourd'hui.

Nous avons prouvé que les bons employés font les maisons prospères, nous prouverons que l'intérêt dés patrons est engagé à la satisfaction des employés.

Un employé qui devient patron, d'insoucieux qu'il était devient actif, entreprenant.

C'est qu'hier cet employé travaillait dans le vide, qu'aujourd'hui son travail a un but : le profit.

Faites donc que l'employé ait intérêt à travailler, et pour cela :

Ne lui rognez point ses appointements en détail ;

Supprimez les amendes ;

Supprimez la guelte ;

Intéressez vos employés à la vente :

Vous n'aurez jamais d'employés de mauvaise humeur en entrant au magasin ;

Vous ne les aurez point en retard, car l'employé sait que son absence pourrait lui avoir fait perdre un article ;

Vous ne verrez point partir de clients mécontents ;

Tous vos employés concourront à vos succès, car ce sera l'intérêt de tous et de chacun, ce sera le leur, ce sera le vôtre.

Renvoyez les mauvais employés, les paresseux, les calicots, il ne vous restera que des employés estimables à tous égards, et vous ne serez pas exposé à vous mettre dans le cas d'un de vos confrères, qui avait une si pauvre idée de son personnel, qu'il tomba dans la monstruosité que l'on va lire :

Il était dix heures du matin ; un employé manquait à son rayon, le patron demande : « Où il est? — Il est malade, lui répond-on, il est allé chez le médecin.— Bon, bon, nous connaissons cela, répond le patron. Que l'on me donne la clef de sa chambre.» L'employé, de retour, fut obligé de demander sa clef au patron, et pour lever tous ses doutes, il lui montra l'ordonnance. Le patron hocha la tête en signe d'incrédulité. Trois jours se passèrent : « Eh bien, monsieur X... a-t-il assez dormi? se réveillera-t-il bientôt? — Non, monsieur, répondit un autre employé, il est mort! » Le patron recula cette fois. L'employé, en effet, était mort le matin.

Si vous avez sauvegardé les intérêts de vos employés, vous ne serez pas non plus exposé à avoir sous les yeux le tableau que nous y avons eu nous-même.

Un employé, digne homme s'il en fut, était depuis vingt ans dans la même maison comme inspecteur, et, quoique cette maison fût une des plus importantes, elle lésinait sur le chiffre des appointements. Celui-là, au bout de ses vingt ans, n'avait encore que 1,800 francs ; il avait eu à supporter bien des charges ; sa femme était morte d'une maladie lente; il lui était resté, je crois, quatre enfants. Cependant le malheureux employé s'affaissait chaque jour ; on lui conseillait le repos... Comment en prendre ? Il mourut à la peine. Pour pourvoir aux frais de son enterrement et à la vie de ses enfants, devenus orphelins, une souscription s'ouvrit entre les employés de la maison, qui étaient nombreux ; elle produisit 900 fr.

Tout le monde donna, même les calicots, car ces jeunes gens dont on s'appuie pour malmener le corps des employés, s'ils sont légers, insoucieux, ils ont du cœur, et c'est une qualité que bien des gens graves n'ont pas.

De tels événements ne devraient point pouvoir se produire ; il n'y a qu'un moyen de les éviter sans que ce soit onéreux aux chefs de maison, c'est l'appointement fixe, et l'intérêt sur le chiffre d'affaires. Intéresser les employés est tout à la fois de la part des patrons,

Un acte de justice, puisque c'est le fruit du travail de cet employé ;

De dignité, puisqu'il permet à chaque employé de pourvoir à toutes ses charges ;

De savoir-faire, puisqu'il attache chaque employé à la maison qui l'occupe ;

D'économie, puisqu'il épargne les frais de réclame ;

De sécurité, puisqu'il assure le zèle de tous, la satisfaction de la clientèle, le succès de la maison.

C'est aussi l'intérêt de la morale publique qui ne s'arrange point d'existences incertaines.

IV

ORGANISATION

D'UNE

MAISON DE NOUVEAUTÉS

MODÈLE

Nous avons vu que les chefs des maisons actuelles méconnaissent les qualités réelles des bons employés.

Qu'ils paraissent ne comprendre ni la valeur des services que ces employés peuvent rendre, ni la simplicité des rouages nécessaires au mouvement d'une grande maison.

Ils marchent d'après un système de défiance ; nous préconisons le système contraire, comme plus digne et plus équitable.

Nous avons vu leurs maisons, voyons la nôtre.

ORGANISATION

D'UNE

MAISON MODÈLE

PRINCIPES

APPOINTEMENTS FIXES — INTÉRÊTS A TOUS
POINT D'AMENDES

CONSIDÉRATIONS

Nous admettons que les employés de la nouveauté ne sont pas une espèce exceptionnelle d'individus que l'on puisse prendre, laisser et reprendre encore comme les chevaux des steppes, sans souci, sans préoccupations d'aucune sorte.

Nous admettons que ce sont bel et bien des hommes vivant et pensant comme nous, ayant les mêmes délicatesses, les mêmes aspirations de bien-être et de sociabilité que nous avons nous-même; ayant, comme nous, le courage de travailler pour se procurer ces choses, et n'ayant aucune raison d'être les parias de l'estime publique.

Nous admettons, enfin, que l'état d'employé est une carrière sérieuse, et que, comme telle, elle a droit aux avantages de toutes les professions, c'est-à-dire qu'elle doit procurer à celui qui l'exerce le bien-être présent, la sécurité de l'avenir;

Que des hommes, par exemple, qui ont graduellement, par de constants efforts, acquis une connaissance réelle des affaires, possédant des capacités supérieures, ne peuvent descendre, sans préjudice, aux appointements d'un commençant;

Que le chiffre d'appointements doit être ascendant comme le talent;

Que le chiffre d'appointements doit être basé sur la valeur de la place, et non suivre les oscillations de hausse et de baisse d'une denrée;

Que mettre ses places au rabais, c'est exclure de son personnel les hommes sérieux, les hommes capables; c'est donner accès aux intrigues, aux délations, à la bassesse; c'est donner asile aux existences flottantes, nulles, les encourager, les autoriser, se faire complice du désordre;

Que faire dépendre la position de ses employés du plus ou moins d'activité dans les affaires, c'est admettre que les employés de la nouveauté sont des hommes propres à tout, par conséquent à rien.

C'est pourquoi :

Nous ne prendrons d'employés que le nombre voulu pour réaliser le chiffre d'affaires que nous aurons pris pour base de nos opérations;

Nous aurons pour nos employés les égards et la considération dont ne se doivent jamais départir les hommes d'un certain ordre, d'un certain caractère et d'une certaine valeur ;

Nous donnerons des appointements assez élevés pour que nos employés trouvent dans leur travail une compensation suffisante ;

Enfin, nous fixerons le chiffre de nos appointements sur la valeur et l'importance de la place proposée.

Ainsi, nous sauvegarderons les intérêts de nos employés, nous respecterons leur dignité.

Ainsi, l'employé pourra avoir de l'ordre, de l'économie, de la prévoyance.

Ainsi, nous pourrons devenir riches sans remords, parce que nous n'aurons causé sur notre route aucuns dégâts moraux, aucune catastrophe fâcheuse ; parce que tous nos employés auront eu à se louer de nous, de notre équité.

Ainsi, une foule de jeunes gens qui entrent dans la carrière du commerce pleins de bon vouloir, d'illusions et d'espérance, qui n'ont reçu dans leur famille que des principes austères, ne seront pas exposés à démériter de leur famille, à transiger avec leur conscience en contractant des dettes qu'ils sont presque certains de ne pas pouvoir payer.

Nous ne contribuerons pas à perpétuer la légèreté, l'insouciance parmi les employés, en nous montrant nous-mêmes légers et insoucieux.

Nous ne ferons pas dépendre la position d'un employé d'un caprice ou d'une baisse passagère ; nous assiérons notre maison sur des bases assez larges pour ne pas tenir nos employés dans une perpétuelle perturbation, sur un éternel qui-vive.

Nous n'en augmenterons le nombre qu'à bon escient, et nous ne les renverrons que pour cause grave. Ils le sauront, et ils feront en sorte que ces cas ne se produisent point.

Pleins de sécurité pour leur position, puisqu'il dépendra d'eux de la conserver ; pleins de bon vouloir, puisque aucun fâcheux incident ne les troublera, ils seront tout à leur affaire : zélés par intérêt pour eux, par estime pour nous.

Nos employés travailleront bien ; nous, nous les payerons bien, ce ne sera que justice.

Ainsi, ils ne feront point de dettes ; ainsi, ils mèneront une vie ascendante du bien au mieux, et ne seront jamais exposés à cette vie disloquée des employés des maisons actuelles : aujourd'hui dans un salon, demain dans une mansarde.

--o—o--

§ II

POINT D'AMENDE.

Quand les amendes n'auraient d'autre inconvénients que celui de donner aux appointements une versatilité de chiffres, une inégalité de revenus incompatibles avec une vie ordonnée, sérieuse, elles devraient être supprimées.

Aussi, les supprimons-nous.

Est-ce à dire que nous intervertissons les choses, et que nous, patron, qui avons combiné la marche d'une maison afin qu'elle produise profit, bien-être, pour nous et nos employés, et qu'elle offre au public des avantages réels, est-ce à dire que nous serons à la merci des employés, et qu'il dépendra d'eux d'entraver nos succès?

Assurément, non !

Nous comptons sur la dignité personnelle des employés, sur leur intérêt, pour qu'ils concourent avec nous à l'exécution du règlement.

Ceux qui y contreviendraient, malgré les avertissements qu'ils auraient reçus, seraient exclus de la maison.

Rien ne peut marcher sans ordre, pas plus une maison de nouveautés que celle d'un employé à appointements oscillatoires. Nous serons aussi sévères que nous serons équitables.

Point d'amende, mais point de négligence.

§ III

POINT DE GUELTE.

Les marchandises dont nous voudrons débarrasser nos magasins seront cotés à perte s'il le faut ; mais nous en instruirons notre clientèle, et elle en profitera.

Une cliente, en achetant un article démodé, passé ou altéré pour une cause quelconque, saura pour quelle raison elle l'aura acheté à ce chiffre inférieur, et cette raison sera la vraie.

S'il lui convient de porter une robe défraîchie pour la payer moins cher, elle ne croira pas avoir acheté une robe absolument fraîche ; elle ne nous accusera point de l'avoir trompée. Arrivée chez elle, elle ne subira aucune désillusion, peut-être même cette robe lui paraîtra-t-elle plus jolie qu'elle ne l'avait supposé être ; et, dans tous les cas, elle nous saura gré de n'avoir point surpris sa confiance.

Les réputations se font vite. Notre bonne foi sera

citée ; on viendra dans notre maison, pour acheter du cher, du bon marché, bien certain de n'avoir pas l'un pour l'autre. Nous n'aurons donc ni la guelte, ni les abus qu'elle produit, ni les déboires qu'elle cause, ni les pertes que, par elle, supportent les chefs de maison. Les clients ne seront point amenés à prendre malgré eux une marchandise qui leur déplaît ; les employés ne seront point lésés par un chiffre d'appointements ridicule ; la réputation de notre maison ne sera point compromise par la vente d'articles présentés comme des articles de choix, et qui ne seront en réalité que des articles de rebut.

§ IV

POINT DE RÉCLAME.

Ce serait nous répéter que de dire ici les causes qui nous font considérer la réclame comme absurde et compromettante. Ainsi donc, point de réclame, sous quelque forme que ce puisse être.

§ V

INSPECTION MORALE.

Il faut avoir vécu dans les maisons de nouveautés pour comprendre jusqu'à quel point peut aller la licence du langage.

Or, nous ne croyons pas, nous, que cette licence soit l'auxiliaire obligée de la vie de garçon; nous avons eu, au contraire, la preuve qu'une foule de jeunes gens, employés d'administrations, ingénieurs ou autres, sont des jeunes gens parfaitement élevés, très-polis, point du tout licencieux; cette politesse qui les distingue est une des causes de leur succès : elle les pose dans le monde, qui les estime et se fait un plaisir de les accueillir.

Nous ne tolérerons donc point ni à table ni au magasin la licence; les inspecteurs, sous ce rapport, seront très-sévères. Nous voulons que le public ait en notre maison une confiance que rien n'atténue : nous voulons des hommes et non pas des sauteurs.

-o—o-

§ VI

GARDE DE NUIT.

Dans les maisons actuelles les pensionnaires et les employés au pair couchent sur les comptoirs ; le matin ils sont bousculés par les garçons, et se sauvent où ils peuvent.

Nous ne trouvons pas que ce soit faire cas de la dignité des jeunes gens que l'on nous confie.

Tous nos jeunes gens coucheront dans des chambres.

Des invalides et des pompiers veilleront à la garde de nos magasins, et nous croyons que tout en sera mieux.

§ VII

VACANCES.

Il sera accordé des vacances à nos employés, et ces vacances leur seront payées.

Nous croyons de toute justice que des jeunes gens qui travaillent aussi assidûment qu'on le fait dans la nouveauté pendant toute une année jouissent de quelques jours de repos complet.

Cette coutume de la généralité des maisons actuelles, de ne pas payer les vacances, est une lésinerie en ce qui concerne les vendeurs ; c'est une injustice, un tort réel fait au comptable.

Le vendeur absent ne travaille point, mais ses collègues font sa besogne ; le comptable ne travaille pas non plus, mais nul ne travaille pour lui, parce que nul ne peut le faire ; et, à son retour, il faut qu'avec sa besogne courante il fasse encore sa besogne accumulée : lui paye-t-on des appointements accumulés ?

En vérité, de quelque côté que l'on se retourne, on voit toujours l'employé être victime de la spéculation !

V

RÈGLEMENT

D'UNE

MAISON DE NOUVEAUTÉS MODÈLE

RÈGLEMENT

Le magasin ouvre, l'été, à sept heures du matin,
à huit heures en hiver.

Il ferme à la nuit.

Il n'ouvre pas le dimanche.

Il y a deux étalages du soir par semaine.

La garde du magasin, toutes les nuits, le dimanche et pendant les soirées d'étalage, est confiée à
deux invalides et à deux pompiers.

—

La maison ne loge pas les employés.

—

Les employés sont nourris dans la maison.

—

Les pensionnaires sont logés et nourris. Ils payent

1,200 francs par année pendant deux ans. Après deux ans, ils peuvent être employés.

—

La nourriture se fait par des cuisiniers à gages ; elle est inspectée.

—

Les appointements sont annuels, fixes, et se payent le dernier de chaque mois.

Ils varient de 1,200 francs à 3,600 francs (minimum).

Le chiffre des appointements (minimum), est fixé d'après l'importance de la place.

—

Les appointements fixés au minimum par le règlement ne sauraient être réduits, mais ils peuvent être augmentés.

Les augmentations sont individuelles et la récompense de services rendus ; elles ne sauraient être invoquées, comme titre, par un nouvel employé remplaçant un autre employé, lequel aurait reçu, comme preuve de satisfaction, une ou plusieurs augmentations successives.

Tout employé entrant n'a que le minimum fixe de la place.

—

Tout employé a droit à quinze jours de vacances; les vacances sont payées.

Les maladies seront constatées par un médecin.

Les jours de maladie sont payés.

—

Tout employé qui feindrait une maladie pour se dispenser de paraître à l'établissement, serait immédiatement renvoyé.

—

Il sera tenu un compte-courant de l'heure des entrées. Les inexactitudes répétées donneront lieu à des observations; plusieurs observations pourraient entraîner le renvoi de l'établissement.

L'exactitude est considérée comme preuve de zèle; elle concourt à provoquer de l'avancement ou une augmentation.

Il sera fondé deux primes de 500 francs chacune pour les deux employés, comptables ou vendeurs, qui auront fait preuve de plus d'exactitude, de zèle, de ponctualité dans l'année.

Les primes, avancement, augmentation, n'ont lieu qu'à l'inventaire.

Le chef comptable et le premier caissier ont droit de n'entrer qu'à neuf heures du matin.

—

Le chef comptable, le premier caissier, l'inspecteur, ont chacun 3,600 francs d'appointements fixes.

Les autres comptables reçoivent de 1,200 francs à 2,400 francs.

Les seconds caissiers, 3,000 francs fixes chacun.

Les troisièmes caissiers, 2,400 francs.

Les chefs de comptoirs, 3,000 francs.

Les premiers vendeurs, 2,400 francs.

Les autres vendeurs, de 1,200 francs à 2,400 fr.

TOUT EMPLOYÉ EST INTÉRESSÉ

La position des sous-comptables n'étant considérée que comme transitoire, n'entraîne pas l'intérêt.

Non plus que celle de troisième caissier.

Le pensionnaire qui passe employé ne reçoit l'intérêt qu'à partir de la seconde année.

—

Le chef comptable,

Le premier caissier,

L'inspecteur,

Reçoivent chacun 1/10 p. cent sur le chiffre d'affaires de la maison.

Les autres caissiers, 1/40 p. 100.

Le chef de comptoir reçoit 1 p. 100 sur les affaires de son comptoir.

Tous les autres vendeurs, 1 p. 100 sur leur vente.

—

En somme, nous ne sacrifions pas 3 pour 100 pour intéresser nos employés ; nos appointements, excepté ceux des petits employés, ne sont guère plus

élevés que ceux des autres maisons ; et le chiffre
total des avantages par lesquels nous nous attachons
nos employés, au-dessous des frais de publicité de
ces dernières.

—

Sous le point de vue moral et des convenances,
tous nos employés seront des jeunes gens irrépro-
chables :

Comme commerçants, tous les premiers seront
des employés de premier ordre.

Le chef comptable sera comptable négociant.

Le premier caissier aura toutes les qualités qui
distinguent ces employés, et que nous avons signa-
lées dans la deuxième partie (page 69).

Nos seconds caissiers, nos troisièmes caissiers seront zélés, officieux, empressés ; ils s'inspireront des
qualités de leur premier.

L'inspecteur devra se pénétrer de l'impulsion
donnée à notre maison ; il devra aider à son mouvement, sans que sa présence se fasse sentir.

Il sera excessivement juste, d'un caractère supérieur et indépendant.

Les chefs de comptoir et vendeurs, doivent posséder les qualités que nous avons énumérées à la
deuxième partie.

Les autres vendeurs seront polis, empressés, zélés, intelligents ; ils s'inspireront des qualités de leur premier.

Tout employé qui se permettrait avec n'importe quel client, *la plus légère inconvenance*, serait renvoyé à l'instant même;

Aucune conversation licencieuse ne sera tolérée, soit à la salle à manger, soit dans les comptoirs.

Les délateurs seront immédiatement renvoyés.

-o—o-

Il y aura tous les mois, une réunion des patrons, chef comptable, premier caissier, inspecteur, chefs de comptoir, et premiers vendeurs de chaque comptoir pour s'entretenir de la marche des affaires, de l'état de la place, des améliorations à introduire, de l'élan à donner à la maison.

-o—o-

A chaque entrée de saison, des lettres-avis seront adressées à domicile à la clientèle.

Ce sera notre seule publicité.

La réputation de notre maison fera le reste.

-o—o-

RÉFLEXIONS – CONCLUSION

Avec un règlement aussi équitable, nous n'aurons que des employés satisfaits.

Aucune de leurs qualités précieuses ne sera perdue pour la maison.

Au lieu de tourner leur intelligence vers l'intrigue et la ruse, pour exploiter les clients, ils s'étudieront à les satisfaire, et borneront leurs efforts à vendre le plus possible; ce sera leur intérêt, ce sera le nôtre, ce sera aussi celui des clients.

Les patrons pourront se fier à leurs employés comme à eux-mêmes; au lieu d'être en hostilité constante, il y aura fusion de vues et d'intérêts, entre les patrons et les employés, et les patrons pourront exercer sur tout ce personnel d'élite, une influence morale très-précieuse, et que rien ne compense.

Les causes de renvoi étant telles qu'aucun employé ne voudra les encourir, la vue d'un patron soucieux inspirera un sentiment tout autre que celui que l'on éprouve aujourd'hui, quand ce cas se présente.

On ne craindra point les délateurs, les *ficelles*; d'abord parce qu'il n'y aura rien à révéler;

Parce que les délateurs ne seront pas tolérés; parce que dans un personnel d'élite, les délateurs n'ont pas de place.

Il n'y aura point d'intrigues pour supplanter un supérieur, nos employés secondaires étant incapables de cette bassesse, les patrons trop clairvoyants pour la rendre possible, et tous, trop intéressés au succès de la maison, pour la priver volontairement de toutes les ressources d'un employé supérieur.

On ne jalousera donc pas les capacités, on tâchera de les imiter.

Au lieu que la discorde et la défiance règnent entre les employés, il régnera la concorde et l'harmonie.

Notre maison sera la chute des maisons disloquées, qui se donnent aujourd'hui de si grands airs avec une si grave assurance. Il ne restera à ces maisons qu'une chance de vivre, ce sera de nous imiter, de détruire les abus qui les entravent, qui arrêtent l'élan des bons employés favorisent l'avancement des mauvais.

Notre maison sera encore la cause de l'extinction de la calicoterie.

Et elle montrera enfin ce que sont déjà la généralité des employés de la nouveauté, et ce que tous peuvent et doivent être.

TABLE DES MATIÈRES

FIN DE LA TABLE

Paris. — Typ. Morris et C°, rue Amelot, 64.